しあわせになる
恋の法則

tips of love for happiness

星読み師★taka
中島多加仁

ミヤオビパブリッシング

はじめに

あなたがしあわせと感じる瞬間って、どんなときですか？

「生きてるって素晴らしい！」

そんなふうに純粋《じゅんすい》に感じたこと、最近ありますか？

ドラマチックな映画を観たり、感動的な小説を読み終えたときなど、その瞬間や、しばらくした後の余韻の時間は、確かにある種の幸福感は残っているでしょう。

でも、一人で自分の部屋にこもってテレビを見ているときや街を歩いているときなどに、ふと楽しそうに笑って、いちゃついているカップルが目に入ってきて、突然に虚しさを感じたりしたことはありませんか？

しあわせの感じ方は人によって違います。けれど、誰もが共通して感じる幸福の瞬間とは、「孤独《こどく》じゃない」「自分は独《ひと》りじゃない」ということではないでしょうか。

自分の考え方や生き方に共感してくれる人がいる。そして、その人を信じられる。自分の良い部分も悪い部分も、ひっくるめて愛してくれるパートナーがいれば、どんなに苦しいことがあっても乗り越えられるのが人間なのです。

この世には男と女しかいません。でも、一生のうちでベストパートナーに出会える可能性はあまりなく、みんなが平等ではないようです。

あなたは今、ほんとうに求めた異性と出会っていますか？

そして、自分らしい恋をしていますか？

ぼくは東京の原宿という街で占い師をしています。どこにも所属せず、ほとんど口コミだけで10年以上、多くの悩める人たちの相談に乗ってきました。

たくさんのさまざまな仕事や境遇の人たちと接してわかったこと。

つきるところ、人がしあわせを感じるときとは、自分の好きなものが手に入った瞬間だということです。それが「物」ではなく生身の人間だったら、それはもう最高《さいこう》の気分なのです。

だから人間は、恋をしようとするのです。

「男はいつも最初の恋人になりたがり、女は誰も最後の愛人でいたいの」

この言葉は、ミュージシャンの松任谷由実さんが書いた歌詞のワンフレーズです。この言葉のとおり、男性はロマンチストだけれど、女性は現実的なんですね。それをうまく表現した詩だと思います。

初恋の人として女の子の記憶《きおく》の中で生きていたいと願う男の心理。だけど女は、男に選ばれたいという願望《がんぼう》があって、さらに安定したシアワセを求めて生きる生き物らしいです。

どうしたら、あなたは「最後の人」になれるのでしょうか？

そして、ほんとうのしあわせを手に入れられるのでしょうか？

ぼくは、占いをうまく活用することで、女性が本質的に輝き、勇気を持って恋に進めるような手伝いができればと願っています。女性雑誌では「自己確認《じこかくにん》テスト」の人気が高く、ネットでもその類《たぐ》いの話題がひしめき合っています。

確かに、自分自身の性格ほど興味を引く話題はありません。

複雑で奇怪で、奥深くって、水面下に何が潜《ひそ》んでいるかわからない……。とりわけ恋に関する男女の本質は、人類が探《さが》す永遠のテーマなのです。**やはり人の本質を知ることが、恋を成功させる鍵なのです。**

そう信じてさまざまな占いを勉強するうちに、あるとき偶然に決定的な占いと出会ったのです。それが「紫微斗数《しびとすう》」という東洋占星術でした。

紫微斗数は、占う際に「命盤《めいばん》」と呼ばれるホロスコープを作成します。

それがなんと、22万通り以上にもなるのです。人間の運勢は十人十色《じゅうにんといろ》。100人いたら100通りの運命があるはずです。

紫微斗数は22万通り以上のパターンから、あなただけの運勢を導《みちび》き出してくれます。とても現実的で、説得力があるのです。39個の「星」が、あなたの「命盤＝ホロスコープ」に刻まれます。そこには、自分が選んだ星たちと人生を乗り越える方法が、はっきりと描かれています。

「星占い」といえば、西洋占星術をはじめ、インド占星術、サビアン占星術などが人気です。でも紫微斗数は、星が「記号」ではなく、日本人になじみの深い「漢字」で記されています。

つまり、パーソナルデータをもとに作成された「命盤」には、あなた自身の性格や癖《くせ》、行動パターンなどがとてもわかりやすく、しかも詳細に記されているのです。

そして驚くべきことに、そこにはあなたの恋愛の相手の性格や人相までもが入っている場合もあるのです。

もちろん恋愛力をアップする方法も39個の星たちが教えてくれるのです。

運命の人と出会えない。付き合っても長続きしない。いつもすれ違いばかり。好きになった人は、なぜかすでに人のもの。運命の人だと思っていたのに、勘違《かんちが》いだった……

など、恋が上手《うま》くいかないあなたに、ぜひ知ってもらいたいことがあります。

「だって、すべては自分が選んだ星なのだから」

それを知らずに恋をしたら、盲目《もうもく》になるのも無理ないでしょう。

この本は、これまで数百人の「宝の地図」を見てきた「星読み師」の視点から、女性が恋で真のしあわせになるにはどうすればよいのかを説いた恋の指南書《しなんしょ》です。

しあわせになる恋の法則　目次

第2章　相手に想いが届く恋愛の裏ワザ　43

第3章 誰にも言えない恋のトラブル解決策 99

第4章　浮気と不倫からサヨナラする方法　147

第1章　恋愛力を上げる「星読み占い」

心からしあわせになるために

「失恋しました。彼と連絡がとれません。ほんとに大好きだったのに。彼だけを頼りに、彼を信じてきて。

今まで彼のいない生活など考えたことがありませんでした。

これから先、私はどうやって生きていけばよいのでしょうか。

彼がいないと何もする気が起こりません、生きる気力さえも。

私は彼に依存《いぞん》し過ぎてしまっていたのでしょうか。

すごく仲が良かったのに……。もう、どうにかなりそうです」

星読《ほしよ》み師《し》――つまり占い師であるぼくのもとには、このような恋に悩める女性たちが毎日のように訪れます。どうして失恋してしまったのか。この片思いは報われるのか、付き合っている彼と結婚できるかなど、その悩みは人それぞれです。

ぼくは、そんな女性たちの相談を聞いていて、あることに気づきました。

恋に悩める女の子たちは、男のホンネを誤解《ごかい》している……ということです。

あなたも彼に対して何か不満がありますか？

毎日連絡をくれなくなった。それを怒っているのに、彼は気づきもしない。気がついてほしいのに。だから、

「どうしてメールをくれなくなったの。私のことはどうでもよくなったの」

と責《せ》めたてて、彼と喧嘩《けんか》をしてしまう。ちょっと待って。少し彼の立場になってみましょう。

男性が恋人と一緒にいて望んでいることは、彼女のしあわせをいかにして守ってあげられるか、ということです。それは、人を好きになったことがある男性みんなが感じていることなのです。そして彼女が心からの笑顔を見せていてくれることを願っています。

あなたは、そんな彼の気持ちを受け止めて、充分《じゅうぶん》に応《こた》えてあげていますか？

もしくは、離《はな》れていった彼に対して応えてあげていたと言いきれますか？

不安な気持ちから、彼を責める言葉が出てしまうのは、あなたが彼を愛しているからこそですよね。

ところが、彼はあなたの言葉を聞いたり、悲しげな姿を見ると、

「愛する彼女一人すらしあわせにすることもできないなんて、オレは無力な人間なのか

もしれない」

と感じてしまうのです。

その気持ちを不器用《ぶきよう》な男性は上手く伝えられないのでしょう。

それは、次の言葉に変化してあなたに返ってきます。

「オレもできるかぎりのことをしているんだ。きみのことがどうでもいいなんて、そんなわけないいじゃないか」

恋人たちは互いが愛し合うゆえに、互いを傷つけてしまうのですね。

あえて言うなら、**「彼女の不安」**が**「不満」を呼び、その「不満」が「彼の不安」へと変化する**のです。それを知らないで、彼に自分の不安だけを訴《うった》えていませんか。それでは逆効果《ぎゃくこうか》です。この悪循環《あくじゅんかん》を繰り返すはめになってしまいます。

では、あなたと彼の恋愛が上手くいくにはどうしたらいいのか。

「私という人間を認めてほしい」というピュアな気持ちを、勇気を持って彼にぶつけるには何をしなければいけないのか？

あなたが、ほんとうにしあわせになるためにはどうすればいいのか？

ぼくは、**恋も結婚も、そして仕事や充実した毎日も、それらを手に入れる法則は一緒**だと思っています。

なぜならば恋も結婚も、仕事も趣味も、人が関わってくることだから、特定の人にどれだけ自分の魅力(能力)を印象づけられるか、という意味においてはポイントが同じだからです。

「結婚も将来も見えてこない。恋人はいないし、今の仕事を永遠に続ける気もない」

そんな悩みを解決する方法を教えてくれるのが、本書で紹介する「運命の星」たちです。

この本を読み終わるころには、「運命の星の声」が少しだけ素直《すなお》に聞こえるようになり、自信《じしん》を失いかけていたあなたの心にも、きっと勇気がわいてきます。

そして、前向きに恋愛ができるでしょう。

やっぱり女性は、恋をしてしあわせにならなくちゃ！

恋の不安がみるみる軽くなる

占いって、なんだか「大事なことを自分で決めずに他人任《まか》せにする」というイメージがありますよね。

最近はスピリチュアルブームで、テレビ番組でも霊視《れいし》能力者が出演しています。また書店でも、スピリチュアルと銘打《めいう》った書籍《しょせき》を見る機会《きかい》が増えましたね。テレビ番組や本などがきっかけで、「私も一度、霊視鑑定《かんてい》を受けてみようかしら」と思った人も少なくないでしょう。

あれは昨年末のこと。

27歳の独身《どくしん》女性でした。交際中の彼との問題について相談を受けたのです。

彼女の悩みは2つありました。1つは両親が彼との交際を強く反対していること。もう1つは、彼女自身が昨年から六星占術《ろくせいせんじゅつ》でいう「大殺界《だいさっかい》」に入っているらしく、その結婚は不幸になるのではないか、という漠然《ばくぜん》とした不安を持っていることでした。

まず、「紫微斗数」という占星術でふたりの「運命の星」を比較してみることにしました。

すると、彼との相性には、それほど問題がなかったのです。

両親が反対していた理由も、彼との交際を隠していたことが、感情的なしこりになっていただけのようでした。これは、きちんと話すことで容易《ようい》に解決できました。

さて、もう一方の悩みである、「大殺界に結婚できるのか」あるいは「してもよいのか」という問題について、さらにつっこんで「命盤《めいばん》」を読み取ってみました。すると、「この縁《えん》に関して多少の誤解はあれど、結果的に問題なし」

との回答を得たのです。

それを丁寧《ていねい》に伝えたところ、彼女はすっきりしたようです。

その後、無事に婚約が調《ととの》い順調に過ごしているようで、後日お礼をかねてお店に遊びにきてくれました。

「大殺界」にかぎらず、霊感《れいかん》占いなどで良くない時期と出たせいで、異性との新たな出会いや恋愛の進展に何となく不安を感じる……そういうパターンは多々《たた》みられます。

そこで実際に占ってみると、まさにその答えどおり、良くない縁の相手と関わっていることもあれば、それとは逆に赤い糸で結ばれている恋人の場合もあります。

ぼくの鑑定経験《けいけん》では、一般の占いが示す運勢の悪い時期と、その時期に出会う相手の吉凶は関連性がないように感じます。

悪い時期だからといって、出会う人すべてが悪いということではないんですね。

悪い時期と一言で片づけてしまうのでなく、そのあとに待っている成功のために、どうしても通らなければならないハードルだと意識します。

そのためには、十人十色《じゅうにんといろ》の診断ができ、より現実的な占術が必要になります。

つまり紫微斗数こそが、その占術なのです。

紫微斗数が得意とする占断では、

「あの人の心を手にするには何をすればいい？」

といった、具体的なアクションを知ることができるのです。

「私はどう思われている？」

などの他人からの印象。そして、

「どんな人が私の恋人になるの？」

という人物像に、抜群《ばつぐん》の的中率をみせます。

恋愛がうまくいく「星読み占い」

この本の目的は、

「占いを有効的に利用して、いい恋愛をし、人生を楽しく愉快《ゆかい》に生きて行きませんか」

という星読み師であるぼくからの提案です。たった一度の人生ですからね。

若い女性にとって占いは、恋愛についての相談が多いのは当然のこと。

紫微斗数という星読み占いでは、あなたの出生時間をもとに「命盤」を作成します。

「命盤」とは、西洋占星術でいうホロスコープです。

そこには「運命の星」がちりばめられています。それは、あなたの人生に関するすべてのデータです。そして、それは「心の声」でもあります。

人は本来、自分がほんとうにしあわせになるための方法を知っています。

しかし、周《まわ》りの環境《かんきょう》や経験から、わかっているはずのその方法をごまかしたり、気づかぬふりをしてしまったりと流されていくのです。そうしているうちに、「しあわせ」が何であるかがわからなくなってしまいます。

「今のままの自分で満足しよう」とか、「これが私のしあわせなんだ」と無理やり思い込もうとしてはいませんか？

「命盤」にちりばめられている星は、「ほんとうのしあわせとは何か？」という観点に基づいて、あなたの魂が選んだ運命を形にしたものです。その星は、あなたが望む道を進めるように常に声を発してくれています。

あなたの持ち味や得意分野は何であるか、どんなウィークポイントを持っているのかなど。また、どういった職業に就《つ》くと有利であり、どんな仕事を避《さ》けるべきかを知ることができます。

そしていちばん気になること、あなたはいつ運命的な出会いを体験するのかも、星は導いてくれているのです。

あなたは、人生最大の華《はな》である「恋愛」についての傾向《けいこう》を知りたいですよね。

ぼくたち人間は、12という数字に支配されて生活しています。1日は24時間ですが、それは12の倍ですね。1年は12カ月で成り立っています。ですから「命盤」も12の「お部屋」に分かれているのです。それを読み取っていくのが紫微斗数です。その12宮のうち、あなたの恋愛をみることができるのはつぎの5つの部屋(宮)です。

①あなた自身の性格や運勢を司《つかさど》っている「命宮」
②結婚する相手の性格や容姿《ようし》を予測してくれる「夫妻宮」
③結婚前の状態や、異性との関係をあらわす「官禄宮」
④セックスの傾向やその運勢を教えてくれる「子女宮」
⑤恋愛状態のあなたの内面を表してくれる「福徳宮」

以上の5つの宮の中で、どの星と何の星がからんで今のあなたを形成しているかを調べてみます。

星の数は全部で39個あります。

それらの星の純度と、さらに組み合わさっている星同士の相性《あいしょう》によって、あなたの恋愛傾向がくっきり読み取れるのです。

ちなみに、結婚してからの夫婦の関係を読み取るには、「田宅宮」という宮を使います。将来のことを視野《しや》に入れて恋愛をしているカップルの相談には、この宮の傾向も考慮《こうりょ》に入れながら見ていくと、さらに深い考察《こうさつ》ができるのです。

つまりこの紫微斗数の「命盤」には、あなたにとって恋愛が有利に運ぶ「恋の指南」がとても具体的に書かれているわけです。

星が恋愛パワーを生み出す

それでは、その39個の星の中から、とくに恋愛に関与する星たちを紹介していきましょう。

まずは、よくも悪くも、とくに強くはたらく2つの星です。

それが「廉貞《れんてい》」と「貪狼《どんろう》」という星です。ともに強烈《きょうれつ》な「色星」なのです。「色星」が、あなたの本命宮に座《すわ》ると、よくも悪くも異性運が強く作用します。

かりに、あなた自身にこの星が入っていなくても、あなたのどの時期に入っているか、そしてそれは輝いているのか、鈍《にぶ》っているのか。その度合いを判断することで、あなたの恋愛力を測《はか》ったり、陥《おちい》りやすい性癖《せいへき》を読み取ることができます。

廉貞《れんてい》……勝負強い星です。冷静《れいせい》な判断力と、ここぞという一瞬のタイミングで行動する力を持ち、人との駆け引きは抜群。自分の気持ちに素直なのが特徴です。人の欲望に取り入るのが上手いので、高い信頼を勝ち取ることができる星です。

貪狼《どんろう》……喜怒哀楽《きどあいらく》がはっきりしてる星です。常に変化を求め、自己の欲望を満たそうとします。楽天的な陽気《ようき》さで、自分の願望を素直に表現していくので、何ともいえない妖艶《ようえん》な魅力を持ち、交際の裾野《すその》は多方面に広いことが特徴です。読んで字のごとく「ハングリーな狼」ですね。

次に紹介する三つの星たちは「廉貞」や「貪狼」ほどの強さはありませんが、それぞれに「出会い星」であったり、「遊びの星」であったりします。

天姚《てんよう》……社交的で学芸に秀《ひい》でる星です。美意識があり、これが命宮に入ると顔も美しくなります。おしゃれで派手好き。もちろん異性に恵《めぐ》まれます。遊び人で、快楽《かいらく》を追求するのが特徴です。

紅鸞《こうらん》……温厚《おんこう》で聡明《そうめい》な星です。これが「命宮」に座ると見た目も良くなり、歌やダンスなどに興《きょう》じるようになります。そして結婚や恋愛などの「出会い力」をアップさせます。

天喜《てんき》……穏《おだ》やかで聡明な星です。これが「命宮」に座ると、穏やかな優《やさ》しい女性になります。文字どおり、慶《よろこ》びごとを誘引《ゆういん》してくれます。

これら色星や出会い星が、あなたの「大事な宮」に座っていれば、とても異性と縁のある人だと判断できます。

では、入っていない人には永遠に素敵な恋は味わえないのかというと、じつはそうではありません。それら恋の星は、必ずあなたのどこかで出番を待っています。

ぜひ、その時期を探してみましょう。

好きな人との出会いがない人へ

「彼と別れて数年になりますが、まだ新しい恋ができません。私には、いつになったら好きな人が現れるのでしょう」

そういう悩みを打ち明ける女性があとを絶《た》ちません。

アプローチしてくれる人はそれなりにいるのですが、いつも相手の押しに対して引いてしまい、好きになれない。決して嫌いなタイプなわけではなく、職場で長い間一緒に働いたら、好きになってしまいそうな雰囲気の男性もいるのですが、誘《さそ》われて食事にいったとき、偶然を装《よそお》って手に触れられたり、ロマンチックな雰囲気《ふんいき》に持ち込もうとしているのがわかると、なぜだか引いてしまう。

感情が「友だちレベル」にもなっていないのに、相手のほうでは一足飛びに「恋人」になってしまっているような感じがして、それが受け入れられずに拒否《きょひ》してしまうということ、ありませんか。

確かに、「もう少しゆっくり近づいてきてよ」と思ってしまいますよね。

学生時代から、クラスメートではなく、部活《ぶかつ》の先輩や後輩を好きになってしまうタイプの人は、社会人になって素直に恋ができない傾向があります。クラスメートや幼なじみの友だちは、すでに近過ぎてトキメかないのですね。

じっくり時間をかけないと恋に発展しない、なのに男は焦《あせ》ってくる。ここで食べられちゃうと、あとで不利になるんじゃないかと考えているうちに男はどっかへ逃げてしまった。

「あぁ、私って男に縁がないのよね」

いやいや、縁がないわけじゃありませんよ。まずね、容姿のイイ女性は、男性にとってライバルが多いと思われています。かわいい子はすでに彼がいるから、とあきらめているしね。

で、いざフリーだと知ったら、われ先にとばかりに攻《せ》めてきます。だって、ぼやぼやしていたら誰かのイイ子になってしまうでしょ。

男だって大変なんですよ。だから、ぼくからのちょっとしたアドバイス。**あなたは「出会いがない」のではなくて、「出会いに気づかない」だけなんです。**

もっと神経を研《と》ぎ澄《す》ませて、周りを見渡してごらんなさい。あなたの今の価値観から見たらイイ男じゃなくても、あなた自身の考え方が変わることだってあるじゃない。

とくに、彼と別れてからステキな男性と巡《めぐ》り会っていないというあなた。それは、ちょっとした不感症《ふかんしょう》かもしれません。よほど前の彼を愛していたのですね。で、あんなに愛していた彼と別れてしまったという後悔《こうかい》の気持ちがあって、それをさらに打ち消そうと努力した結果、あなたは恋愛不感症になっちゃった。

つまり、恋の感受性《かんじゅせい》が曇《くも》っている状態なんです。

周りにいる男性が悪いわけじゃないんですよ。イイ男を受信するアンテナが錆《さ》びついてしまったんです。

ロマンチックな出会いを生み出す吉星たち

けれど、その悲劇は永遠に続くものではありません。長い人生の中で、わずか数年のスランプです。野球選手なら2年続けて成績が残せなかったら、トレードや解雇《かいこ》になってしまうけど、あなたの恋愛寿命は、まだまだ先があるんです。

さて、続いて紹介する4つの星も、同じように出会いを引き出してくれますが、前の星たちと違って、いわゆる「吉星」と呼ばれる良質な星たちです。それゆえ強烈な恋愛ではなく、プラトニックで乙女チックな恋愛の傾向があります。

天魁《てんかい》……恋愛もさることながら就職に有利な星です。いわゆるチャンスに強さを発揮します。温厚で誠実《せいじつ》な面を持ち、ある程度の地位も得られます。勤勉《きんべん》で聡明なので人に好かれます。

天鉞《てんえつ》……地位に恵まれ、他人から慈《いつく》しみを受ける星です。威厳《いげん》が出ます。聡明で心が広いため、人に好かれます。とくに異性からの援助が見込めます。

龍池《りゅうこく》と鳳閣《ほうかく》……純真《じゅんしん》であり、多才な星です。これが「命宮」に座ると聡明《そうめい》さをもたらし、名誉や出世を促《うなが》してくれます。品のある容姿に恵まれ、しかも健康で風流を好む性格になります。

これらの星が先述した命宮、夫妻宮、官禄宮、福徳宮、子女宮の５つの「恋愛宮」に入った場合、基本的にあなたの全体運としての恋愛は、まずまず良好です。

もし、恋愛宮に異性との出会い星が輝いていたら、その時期のあなたの恋愛運は好調であることが読み取れます。また、似たような恋愛星が集中していたら、そのときこそ「運命の人」と出会うサインだと感じ取れるのです。

恋愛にトラブルを引き起こす凶星たち

次の２つは、ともに良質な星として喜ばれる星です。

意味としては右大臣《うだいじん》と左大臣《さ》です。あなたを守護《しゅご》してくれる守りの星ですね。ところが不思議な作用もあるのです。

左輔《さほ》……人望を高めて、吉兆《きっちょう》を生む星です。周りの人からの助力を得るだけでなく、自分自身も愛情が深くなり、包容力《ほうようりょく》が上がります。計画性も備《そな》わって、対人関係が良好になります。

右弼《うひつ》……左輔とは兄弟星で「右大臣」の役割を果たします。頭脳が明晰《めいせき》で心も寛大《かんだい》になり、他からの助力を得る星です。人望が上がり、補佐役に恵まれ、異性関係が良好になるのです。

一見、とても良い星のように思えますよね。しかし、この2つの星が『夫妻宮』に入ると、とたんに姿を変えてしまうんです。

なんと、吉星のはずの両星が「浮気《うわき》星」へと変貌《へんぼう》するのです。あなたの夫妻宮に、このどちらかの星が入っていたとしたら、彼が浮気性であるか、あなた自身が浮気性のようです。もし不倫の真っただ中ならば、この「左輔」「右弼」が入っている可能性が大きいのです。

さらには恋愛の星がひとたび悪い星、すなわち「凶星」と出会えば、好きな人ができたら、相手が妻子持ちだった……ということが起こりやすくなります。

では、その凶星には、どういったものがあるのでしょうか。

火星《かせい》と鈴星《れいせい》……エゴ・強情・短気というマイナスの要因を持つ星です。良い星と出会うと、発想力や決断力が備《そな》わります。輝きが弱い場合、色情《しきじょう》トラブルを引き起こします。とくに火星には「火遊び」という意味合いもあります。

羊刃《ようじん》と陀羅《だら》……狂暴で強情な星です。散財《さんざい》したり病気や事故に遭遇《そうぐう》しやすい星です。彼とケンカするときなど、この星の災いが多いようです。嫉妬心が生まれやすく、人間関係で悩んだりします。身内での不和を引き起こし孤独になり、挫折《ざせつ》を体験します。

しかし悪い星といえども、吉星と一緒になれば「凶」の現象は軽減《けいげん》します。ところが悪い星同士が集まれば、その脅威もさらに増すというわけです。

紫微斗数の場合、星にはそれぞれ性格があって、さらに純度にもレベルがあるのです。それらの不具合をよく観察し、上手く助言するのが「星読み師」の腕の見せ所というわけです。

星を飛ばして、隠れた要因を探る

次に解説するのは「四化星」という、ちょっと他の星とは異質な4つの星たちです。この「四化星」は、単独で宮に入ることはありません。必ず強い星に寄り添って輝く星たちです。39個の星の中でもこの4つは、とくに吉凶がはっきりと出る星なのです。

化禄《かろく》……いわゆる「天使」の星です。財運がつかめたり、勤勉になったり、協調性が豊かになったりと、吉星の最高峰《ほう》です。性格も穏やかになり、寛大になって、出世する可能性も高くなります。もちろん色星や恋愛星と出会うと、この上ない成功率を発揮します。

化権《かけん》……文字通りパワーの星です。権威や権力がアップしたり、指導力に優れます。学芸や文才にも恵まれるので、「命宮」に入ると実業家に向いた性格になります。色星や恋愛星と出会うと、押して押して押しまくり、ついにはモノにしてしまう強さを発揮します。

化科《かか》……チャンスと才能の星です。聡明にして雄弁《ゆうべん》になり、文学・学術・学芸に秀でます。外見も内面も気品に恵まれるでしょう。試験に強くなって、外交の才も得られます。色星や恋愛星と出会うと、そのチャンス運はかなりアップします。

化忌《かき》……出ました！　紫微斗数の中で最悪の星です。困難・トラブル・挫折・失敗・失業・失恋・破産《はさん》を誘引する大凶の星なのです。精神的にも短気になりやすく、自己中心的で嫉妬も生まれやすいので厳重《げんじゅう》な注意が必要です。まさに「悪魔《あくま》」の星です。さて、色星や恋愛星と出会ったら？　いうまでもありませんよね。

この4つのうち、化禄《かろく》（天使）と化忌《かき》（悪魔）2つの星のみを、特殊《とくしゅ》な技法で飛ばし、吉凶をより明確にする秘術があります。その方法は一般公開されておらず、紫微斗数を習得した占い師の、いわゆる免許皆伝《めんきょかいでん》の奥義《おうぎ》となっています。それを「四化飛星」と呼んでいます。通常の命盤では表記されないので、表面的に追っかけても真理は見えなかったりします。

隠れている問題点を浮き彫りにして吉凶をはっきりさせ、その根本原因を明確に割り出していく。まさに、紫微斗数「飛星派」の醍醐《だいご》味《み》なのです。

占いで悪い結果がでたときは

以上、簡単に紫微斗数のほんの一部を説明してみました。

東洋の占術の中でも、ひときわ異彩《いさい》を放《はな》つ占星術だということが、少しでもおわかりいただけたかと思います。

39個の星には、前章で説明した「吉星」と「凶星」の分別のはっきりしたものから、単に性格を強く打ち出したものまでさまざまです。

そして、この紫微斗数の命盤には、

「この時期はぜんぜんダメだからあきらめなさい」

というような理論は存在しません。

それと比較して、四柱推命《しちゅうすいめい》の「空亡」をはじめ、リバイバル的に流行している六星占術の「大殺界」や、かなり以前に流行った算命学の「天中殺《てんちゅうさつ》」、0《ゼロ》学占星術でいう「ゼロ地点」、そして九星気学の「暗剣殺」などは、とくに処方《しょほう》の手段があるわけではなく、単に「悪い」「大凶」「気をつけろ」と示されます。

これらの占術の特徴は、そうした期間に告白や結婚、新規事業の立ち上げなど、人生における新たなことに手を出すと必ず悪い結果になるというのです。

しかし、「やめたほうがいいですよ」とばかり言われたのでは、ただでさえ短い人生なのに、かなりの期間の活動を自粛《じしゅく》することになりませんか？

なんだか窮屈《きゅうくつ》で損《そん》な気持ちになりますよね。もちろん何を信じて行動するかは個人の自由です。「大殺界」や「天中殺」を批判するつもりは毛頭《もうとう》ありません。

ただ、目に見えない世界の複雑な因果《いんが》を感じられる身としては、生まれ持った先天的な資質《ししつ》や運気だけで、人間の一生の運命を推測し判断するのは、ちょっとどうなの――と疑問視するわけですね。

それは紫微斗数においても同じで、「命盤」に出ていることは絶対《ぜったい》ではなく、さて、その次にどうするかという対応、手段のために占うのだと考えています。

強く願えば必ず実現するということもあります。

やはり人間の本質は「想念《そうねん》」でつくられているからです。

人間の心と現実世界の関係は、何かしらの「想い」によって彩《いろど》られていると思います。

不思議なもので、ポジティブな思いもネガティブな思いも、それが潜在《せんざい》意識（魂）に刻《きざ》ま

れると必ず現実化します。

たとえば「占いの良い結果だけを信じる」という人は、なんだか適当なように見えるけど、じつは幸運になるツボをきちんと押さえているわけですね。

もし占いで悪い結果が出たときは、「心のゆるみを引き締めましょう」という忠告として受け止めてみるといいですね。

必要以上に気に病《や》んでしまうと、かえって潜在意識がマイナスに働き、悪いことや不運なことを呼び込んでしまいます。

しあわせになりたいのなら、まず「しあわせ」を心の底から願うこと！

これが幸運のポイントです。

占いで出た悪い鑑定結果も吹き飛ばすくらいの明るい想念を持って、何事にも積極的にチャレンジしていく人が最終的に「しあわせ」になれるのだと、ぼくは思います。

ただし、悪い結果が出たとき、「知っていてよかった」と思うことも必要です。人生は山あり谷ありですからね。悪いことも起きます。それが、いつからいつまでなのか。時期をあらかじめ知っておいて、そのときのために準備をしておけばよいのです。

地震の起きる時間を前もって予測できていたら、その場から退《しりぞ》くことができるし、次の交差点に凶悪な犯罪者がいるとわかっていたら、手前で引き返せばいいでしょう。

占いは宗教でも道徳《どうとく》でもありません。人生の地図だと思ってください。今の地点が砂漠なのかジャングルなのか、それとも大都会なのか。それによって地図の読み方も変わりますよね。

つまり「命盤」は、あなたの長所と欠点を教えてくれて、その上でどうしたらしあわせに生きていけるのか、それを導き出してくれるのです。

妖星に耳を傾けてみよう

あるとき、うちの若いスタッフと常連の男性客が盛り上がっているので、何を話しているのだろうと気になりました。

彼らは、オシャレな情報誌を見ながら、

「この子がタイプだ」

「えー、でもかわいいだけじゃん」

みたいな、容姿に関することを談笑し、次第《しだい》に「女性にしてほしくない仕草《しぐさ》」へと発展し、その話題でヒートアップしていたのです。

とくに容姿に欠陥《けっかん》があるわけでもないのに、なぜかモテないという女性は、意外と多いですよね。女は顔じゃない、とは言いません。ただ、色っぽい仕草は魅力《みりょく》を上げる武器だと思います。これは断言してもいいかもしれません。

それほどに、普段の何気ない仕草は男心を引き寄せ、くすぐる効果があります。

すると、

「あのコ、顔はタイプじゃなかったけど、じつはセクシーな一面を持っているな」と感じます。

男は、セクシーな女に惹《ひ》かれます。露骨《ろこつ》にエロいのは敬遠《けいえん》されますが、「じつは妖艶《ようえん》な面を持っていた」という意外性に心をくすぐられるものです。

吉星の中には、性的な欲望を示す星もありますが、それを適確に認識《にんしき》することによって、男心をつかむことだってできます。

エロスの星、つまり妖星《ようせい》が巡ってきたときには、何か「女力」を磨《みが》くために習い事などをしてもいいでしょう。すると、あなたの中で眠っていたフェロモンがいい感じに潤《うるお》ってくるはずです。

もし、何も趣味が見つからなくて困っているのであれば、書道かペン習字の教室に通ってみるというのもオススメですよ。

仕事はすごくできるのに意外と字が下手、という女性は落とし穴ですね。字がきれいだとそれだけで色気《いろけ》があります。

モテる女性は字がきれいな人が多いのです。英会話やダンス教室よりは現実的だと思います。書道をやれとはいいませんが、ペン字くらいはきれいにかけるように練習するのもいいでしょう。英語がペラペラでモテることはないですが、字がきれいなことは確実に好感度が高くなります。

それと、下《しも》ネタを何の躊躇《ちゅうちょ》なく話す女性は、人気はあってもモテない女になりがちです。少しは恥ずかしがってほしいんですよ。ある程度仲良くなってからはいいですが、誰彼《だれかれ》かまわずしゃべっていると、男女関係にだらしないのではという印象を受けます。

そして意外と大事なことがあります。

食事のあと、当然のようにおごってもらおうとする女性。これは例外なく、絶対に嫌われます。支払う素振《そぶ》りすらないと二度と誘われません。

もし誘われたら？

それは目的が違います。

おごってもらったら翌日、必ずメールでお礼を伝えましょうね。

「ごちそうさまでした。また誘ってくださいね」

と、たった一言でいいんです。するとまた気持ちよくおごってもらえます。

まさか、

「あまり好きでもないのにお礼を言うと、勘違いされてつきまとわれるんじゃないかしら」

と心配していませんか？

確かに、少しは注意する必要はありますが、男性に優しくしておけば「あの子はいいコだ」って評判になります。男は、優しくて律儀《りちぎ》な女が大好きです。かりに、その人が恋の相手でなくても、ちゃんとその男性が周りの友人や同僚《どうりょう》に、あなたのよい評判を流してくれます。

逆に長いメールは避けましょう。男に対して長過ぎるメールは逆効果です。さりげなく、差《さ》し障《さわ》りのない言葉が、あなたを魅力的な女性にしてくれます。

ふだんの些細《ささい》な言葉や仕草が、新しい恋のチャンスをもたらしてくれます。それは、突然やってくるように見えて、じつは毎日の積み重ねなんです。

恋愛のチャンスを見逃すな

これでわかったでしょう。あなたには、素敵な恋をする資格が備《そな》わっているんです。

だって星が語っているんですから。

必ず恋愛星が、いずれかのタイミングで入っているんですよ。過去をさかのぼって読み取れば、それが感じ取れます。

「あぁ、あのときの彼が、じつは私の運命の人だったのね。逃しちゃった」

と悔《く》やんでもしょうがない。

でもね、それはひとときの甘《あま》い恋のはず。永遠の恋との出会いは、まだまだこれからですよ。**過去は変えられませんが、未来はあなたの選択《せんたく》次第です。必ず時期がきます。**そのときに、静かに耳を澄ませて聞いてごらんなさい。星があなたに囁《ささや》いてくれるでしょう。

ただ、あなたはその存在に気づかない。だって「命盤」を読む知識を持っていないんですもの。今までの感覚で、「新しい男を見つけよう」「今度こそイイ男をゲットしてやるわ！」と息巻《いきま》いたところで、どんな男性があなたに必要なのか、ちゃんとわかってますか。

それは誰も教えてはくれませんよ。

あなたのお母さんだって、大親友だって、あなたが誰と恋に落ち、誰と結婚するかなんてこと、わかりっこないんです。

「もういいトシなんだから、そろそろ身を固めたら？」

なんて言われたりしてませんか。

そもそも「いいトシ」って何を基準に決めているんでしょうか。結婚適齢期《てきれいき》というのは、人によって違います。今は江戸時代でも明治時代でもないんだから。でも、同級生の結婚式に呼ばれて、つい「今度はワタシの番だわ」なんてその気になって、その前にお相手を――ということで、急に色気づいちゃったり。そりゃ逃げられますよね。

結婚は、何だか情《なさけ》にほだされたり、気分が高揚《こうよう》してするもんじゃないんですよ。**あなたが結婚する日は、あなたの魂がすでに決めています。**もちろん相手が誰かもね。それを無視《むし》して感情や成り行きでしてしまった結婚は、やがて朽《く》ち果《は》ててゆくものです。**もし失敗してしまったら。じゃあ、リセットボタンを押しましょう。そして、新しくやり直したらいいんです。**あなたなら、それができます。だって、こうしてその方法を知ろうと努力してるんですから。それを知るために、この本を手に取ったはずです。

すべては星が知っています。なぜなら、あなたが選んだ星ですからね。

コラム① ★当たった！ でも、その先を教えてよ

人の運命を占う基本となるのは、やはり『命術《めいじゅつ》』です。命術に示されていないことは、その人の人生では起こりえません。たとえば、売れない作家がいたとしましょう。その人を命術で占った結果、文才やチャンス運がまったくないことがわかった場合、「私はこれから頑張って、芥川賞をとることができますか？」と質問されたとしても、それをタロットや易などの『卜術《ぼくじゅつ》』で占うこと自体が無意味なのです。まず「命術」で人物像や使命を細かく分析《ぶんせき》し、その上で、「私の人生でどのようなことが起こるのか」「そしてその時期はいつなのか」を知る必要があります。

つまり「卜術」は「命術」のあとに補助的に使うわけです。命術を鑑定してないのに、いきなり占い館へいってタロットしてもらったり、街角の占い師に易をたててもらっても、それは『きっかけ』にすぎません。まさに「当たるも八卦、当たらぬも八卦」になってしまうんです。占いは「当てる」ことそのものに意味はないのです。当たることは大前提であり、そこからどうすれば良いかを読み取り、適切なアドヴァイスを示せるかどうか。占い師の質はそれにかかっていると、ぼくは考えています。

かつて、ぼくも有名な占い師に何度か鑑定してもらいましたが、とくに納得した経験はありません。みなさん、「当てる」ことにかけては優れていますけどね。でもぼくは、その先が知りたいんですよ。悪いなら悪いなりに、どうやって乗り切ればいいかを。そういう意味で紫微斗数には、その人の未来が絵図のように描かれています。「命術」の中でも、とくに四柱推命は、人生の傾向あるいは人生で何が起こるのかなど、象意についての判断が得意ですね。ただ、どちらかといえば、成功する人生なのか失敗する人生なのか、苦しみの多い人生なのかそれとも楽な人生なのか。つまり吉凶が明らかになる占いです。そして、その度合いについての判断が鋭いという特徴があります。

それに対し紫微斗数は、「象意が細かいが吉凶については四柱推命ほどの鋭さはない」とか、「運勢についてはあまり正確に判断できない」というのが、これまでの一般的な評価でした。しかし、ここにきて紫微斗数は奥義である「活盤」と「飛星」を併用することによって、吉凶あるいは運気の良し悪しもかなり判断できるようになりました。まだ最近のことです。

第2章

相手に想いが届く恋愛の裏ワザ

不倫、片思い、そして失恋……。

占いの鑑定で受ける、悩み相談の内容は人それぞれ。

でも、そこに「人を真剣に思う心」が存在しているかぎり、たとえ道徳に反《はん》した愛情関係であっても、ぼくは許されるものであると信じています。

魂を磨くのは「愛のエネルギー」なのですから。それが不倫関係であろうと略奪愛《りゃくだつあい》であろうと、少なくとも他人への愛情をまったく持ち合わせない人間よりは、ずっと優れた生き方であると断言できます。

ですから、愛に苦しんだとしても、決して自暴自棄《じぼうじき》になることなく、どうか希望を持ち続けてください。

それがあなたの進化に反しないものであるかぎり、願いは必ず叶《かな》うはずです。

さて、ここからは実際にぼくのところに舞い込んできた、女性たちの恋のトラブルを紹介します。名前はすべて偽名《ぎめい》です。

はたして彼女たちの深く、切ない悩みを「紫微斗数」という占いで読み取ってみると、どんな解決法が見つかるのでしょうか？

片思いの相手には彼女がいた

ピアノ教師が主な仕事という現在27歳の沙也加さん。ハタチのときに大きな失恋をしてから、好きな人ができなくなってしまったそうです。

モテないわけではありません。どちらかというと美人タイプです。

「自分から好きにならないと、お付き合いできない性格なので、今まで何度か交際を申し込まれたましたが、お断りしていました。27歳にもなってキスもセックスの経験もありません」

自分を安売りしない人なんですね。ほんとうに心から好きな相手じゃないと体が求めない。そんな人は、相談者の中にも多くいらっしゃいます。それで自信をなくす必要などまったくないと思います。

しかし、彼女が悩んでしまうポイントは、好意を持ってくれた人に対しても、自分の外見だけがタイプなのだろうと、曲がった考え方をしてしまうことなのです。

「第一印象でいいなぁと思っても、何度か会っていくうちに、イメージしていた人じゃなかったと引いてしまうことがあります。だから自分も同じように思われるのでは、と消極的《しょうきょくてき》になってしまいます。

『フラれたことなんか一度もないでしょ?』とよく言われますが、自分から好きになった人には、ことごとくフラれてます。

そして、5年ぶりに、やっと好きな人ができたと思ったら彼女がいました」

自分から好きになった人にはフラれ、どうでもいい人からは言い寄られて、よくあることですよね。

「外見ではなく、中身で好きになりました。彼も好意を持ってくれている態度だったので。私の勘違いかもしれないけど……。このまま突っ走りたいところですが、その彼女が友だちの知り合いなので、立ち直るのに時間がかかりそう。あまり人に言える内容ではないので、よけいに苦しい。

やっと出会えた理想の人だったのに、人間不信に陥りそうです。恋愛の駆け引きが下手だなって、つくづく思います」

ひどいフラれ方を経験すると、悲しさのあまり彼女のように自信をなくしてしまうこともあると思います。

しかし、そこで立ち止まることは、じつはいちばん安易《あんい》な逃げ道なのです。

「時間が解決してくれる」とよく言いますが、悲しみが消えるときが訪れてくれるのを、ただ受身の気持ちで待っているだけでは、ほんとうの解決とは言えません。

自分から勇気をもって恋を見つけようと行動してみることが大切なのです。

「行動したって上手くいくはずがない」という言葉はただの言い訳です。

逃げられる方向があると自分でも気づかぬうちに、そちらの方向へ進もうとするものです。ところが、逃げていった方向に真のしあわせがあるはずはないのです。

「命盤」に出る星は、あなた自身が選んだ星です。

それは、ほんとうのしあわせを映《うつ》し出している鏡です。

しあわせになる方法は、すでにあなたの中で決まっているはずなのです。

「どうしたら上手くいくか」ではなく、「あなたがどうしたいのか」にスポットを当ててみましょう。その気持ちが心からの真実であり、嘘偽《うそいつわ》りのないものならば、あなたの選んだ星が示すしあわせへの道は、まだ見失っていません。

沙也加さんの場合も、ほんとうは心に留《と》まる人をすでに見つけています。結果はどうであれ、どのようにしあわせになりたいのかは、もう自覚《じかく》できているはずなのです。

失恋をして陥りがちな勘違いは、その失恋を自分の「失敗」として解釈してしまうことです。だから、失敗の原因を探したり、自分を責めたりしてしまいます。

失恋が指《さ》し示すものは、「彼は星が導いている運命の相手じゃなかった」という事実だけです。それは、あなたが「上手《じょうず》に恋をすることができない人間」という意味ではありません。

自分が心からしあわせになれると信じる道を行くべきです。

勇気を出して言ってみることですね。相手に気持ちを伝えるだけでいいのです。

意識してくれて、心に留めてもらうことが大切なんです。

★占った結果は？

まず彼の「命盤」に、ちょうど浮気星がドカンと座っていました。そしてその星が悪さをしているのは、沙也加さんに対して向けられていないのです。

いや、むしろ沙也加さんに対する星は、まぎれもなく本命愛の星たちでした。しかも時期的にも、ちょうど今の周期に遭遇しているのです。そこで、

「相手だって、その彼女と結婚するわけじゃないですよ。いつか、別れるときがきます。それまで根気よく、あきらめずに粘《ねば》ってみてください」

とアドバイスしました。

そして占いどおり、彼女は今しあわせな結婚を手に入れて喜んでいます。

ソウルメイトに出会うために

ぼくがよく受ける相談は、やはり異性との出会いや片思いに関することです。

最近はスピリチュアルブームということもあって、

「ソウルメイトと出会うには、どうしたらいいの？」

という質問も増えてきました。

しかし、「ソウルメイト＝赤い糸で結ばれた相手」という軽い誤解があるようです。

ソウルメイトといっても、必ずしも運命の結婚相手だけとはかぎらないのです。

いくつもの輪廻転生《りんねてんしょう》の中で縁が生じ、この世で共に修行《しゅぎょう》し合うことを誓った魂の仲間

のことをソウルメイトと呼びます。

それは恋人や結婚相手だけではなく、家族や周囲の友人、知人はみんなソウルメイトであるという言い方もできます。

ただし、生涯の伴侶《はんりょ》として運命づけられている異性がいるのも事実。

そうした相手と出会えず、苦しんだり落ち込んだりする人も多いのです。

「運命の相手と出会いたい……」

そんな相談を受けたとき、ぼくはまず一言、

「自分の理想とする異性が、運命の伴侶とはかぎらないんだよ。むしろそういうケースは少ないからね」

と語ります。

なぜなら、**生まれる前から結ばれている「赤い糸」というのは、たいていの場合、この物質世界での修行を目的に定められるのです。**

逆に夢のような異性や恋愛というのは、魂を甘やかしてしまうもの。

もし、かりに才能豊かで金持ちの美男子を理想していたとして、そのとおりの相手と出会って結ばれたとしたらどうでしょう。

何しろ夢に描いたとおりの相手ですから、それこそしあわせいっぱいの結婚生活が送

れるはずです。

でも残念ながら、その幸運に甘んじて怠《なま》けている間は、魂を磨くことはないでしょうね。

魂を磨くといっても、決して苦労や苦痛を味わえばよいというわけではないです。

人生の苦労と、それを乗り越えることで得るしあわせを交互に経験し、ぼくたちの魂は進化を遂《と》げるのです。

つまり今生《こんじょう》において、その貴重な契機《けいき》を与えてくれる相手こそが真の意味での「赤い糸」なのです。

ですから、**なかなか運命の人に出会えないという人は、まず自分の周囲をよく見回してみてください。**

思い描《えが》いていた理想とはかけ離れているけれど、何となく存在が気になる人。あるいは、ただの友だちだけど安らぎをいちばん感じられるし、気づけばいつでもそばにいてくれた……、そんな男性はいませんか。

案外、そういう人の中に真のソウルメイトが存在しているものですよ。

「運命の王子様」は一人じゃない

女性なら誰でも「自分には唯一ゼッタイの彼がいるはず！」と思いたいですよね。

でも、その思いが強い女性ほど、厚いバリヤーがあって男性を寄せつけないものです。

日本のどこかに私の運命の人がいて、いつか純粋な恋愛ができる……。

女性というのは、いくつになってもそう思っていたいのです。

でも運命の人というのは、「一人」じゃないんですよ。現実には苦しみ迷いながら、そして駆け引きを繰り返しながら恋愛を成就《じょうじゅ》させていくものです。

だから、たとえ片思いであっても、横恋慕《よこれんぼ》であっても、告げられない禁じられた恋だったとしても、より多くの恋を経験したほうが、「運命の王子様」と出会える確率は上がるし、それを成就させる恋愛力だって身につきます。

確かに恋というのは突然やってきますが、ボーっと待っていると見逃してしまいます。そうかと言っても、**「恋したいオーラ」が出過ぎてしまうと、逆に敬遠されてしまう。そのあたりのサジ加減《かげん》が難しいですよね。**

紫微斗数の「命盤」は、10年単位の運勢も簡単に読み取ることができます。

星の現れ方は、もちろん人によってさまざまです。

たとえば43歳から10年間の「部屋」に最高の星が燦然《さんぜん》と輝いていたとしましょう。それが自分の人生のピークなのです。恋愛運も同じように見る場合、どの部屋に「本命恋」の星が入っているかを調べればよいのです。

しかし、いつか現れるかもしれない「運命の王子様」を、指をくわえて待っているだけでいいという意味ではありません。**目の前に現れた人が運命の人であったとしても、そこで自分らしさを発揮できなかったら、逃してしまうことだってあります。**

密《ひそ》かな恋心を抱いて、人を好きになることに慣《な》れましょう。遊びの恋をしろと言うのではありません。大切なポイントは誰かを好きになる喜びを知って、あなたらしく人を思えるように個性を磨くことです。

たとえ、そのときに告白できなかったとしても歳月が流れ、いつの間にかその経験が「恋愛力」を育てていた、ということになるのです。

恋をしたくてたまらない。一人が寂しい。そんなふうに懇願《こんがん》しているときにかぎって、皮肉なことに「恋愛星」が外《はず》れていたりするものなのです。

「命盤」を眺《なが》めてみれば、あなたにいつ、どんな状況で「運命の人」が現れるのかがわかります。

今はその時期じゃない。なのに寂しさのあまり妥協《だきょう》して、たまたま惚《ほ》れた男に人生かけちゃったら、どうなると思います？

恋愛はある種のゲームであり、またあなたを育てる楽しい試練でもあります。運命の人にモテたとき、初めて思いきって恋をすればよいのです。

モテ期が今じゃないのなら、焦らずに女性としての魅力を磨くべきなのです。モテ期に入ってしまうと、彼との交際の時間で自分のしたいことは後まわし。すると、いつか彼から愛想を尽《つ》かされてしまうことにもなりかねません。

そうならないためにも、いつ運命の人が現れてもいいように、普段から「イイ女」になるべく自分を磨いておきましょう。

「笑顔」で男ゴコロをくすぐってみて

男が最初に惹かれる女性の魅力。それはズバリ「笑顔」です。男性にとって女性の笑顔はとても大切で、女性がモテる上でもとても重要なポイントになってきます。

モテる女性は、みんな笑顔の魅力を知っているのです。もちろん、その効果は恋愛だけではなく仕事でも同じこと。女性の微笑《ほほえ》みは、その場の雰囲気《ふんいき》を和《なご》ませてくれますからね。

笑顔は相手の心に、もっとも伝わりやすい感情表現の１つです。

彼は、あなたが微笑《ほほえ》むことによって、

「この子は自分といて、ほんとうに楽しいと思ってくれているんだな」

と素直に感じます。そして、その気持ちが「自分を必要としている＝自分の存在価値がある」という解釈にもつながっていくのです。

どんなに美人でも笑顔がよくないと、男は「つまらなそう＝自分の存在価値がないのかな？」と感じてしまいます。

自分の笑顔が魅力的に映《うつ》る角度を知っていますか？

それは、男を落とす最強の武器なんですよ。

もし笑顔に自信が持てないときは、鏡の前で笑顔の練習をしてみてください。デートで、好きな相手が待ち合わせ場所にやってきたときのことなどを考えながら練習してみると、だんだん自然な笑顔を作れるようになってきます。

でも、これは普段使わない顔の筋肉を動かして、笑顔を作りやすくする方法です。あくまでも、笑顔はあなたの内面から出てくるもの。あなたが人生を楽しんでいないと、ほんとうに人を惹きつけるような笑顔は作れません。

あなたが自分の笑顔に自信を持ち「自分の笑顔で、好きな人をしあわせな気持ちにできる」と思えるようになったら、まちがいなくモテる女性への道が開けているはずです。美人である必要はありません。周囲の雰囲気を和やかにする「微笑み」の力を信じている女性が、じつは最終的にしあわせをつかみ取るのです。

「命盤」に記された星の中には、「美貌《びぼう》の星」もあれば「出会いの星」もあります。**美貌の星が入っているからといって、そのときモテるわけではないのです。その星に反する行いをしていたら、どんなにチャンスがあっても、スルリと逃してしまうでしょう。**いくら容姿が美しくても笑顔がなかったり、コミュニケーションがまちがっていたら男性は去っていきます。

いや、むしろ悪い虫だけがあなたを追いかけ回す危険性さえあります。

理想のタイプが要注意

「あなたの理想のタイプは？」と聞かれれば、いろいろ出てくるのではないでしょうか。合コンや飲み会などの出会いの場でもよくそのような話が持ち上がりますが、そこで理想のタイプを発言するのは要注意です。

たとえば、「身長の高い人が好きなの」と言ってみたとします。しかし、その場にはあなたに好意を持ち始めている男性がいるかもしれません。もしその人が背の低い人なら、その時点で「自分はアウトだな」と思ってしまいますよね。そうなると口説くのもやめてしまうものです。

理想のタイプを外見だけで追い続けるのは危険です。それによって出会いは確実に減っていきます。

また、理想のタイプを聞かれて「浮気をしない人」と答えている女性を見たことありませんか。でも、そこはあくまで出会いの場なわけで、男性だって最初から「浮気できそうな人と付き合おう」なんて思う人はいないのですよ。

確かに女性を口説《くど》くとき、男性の場合はエッチが目的ということもありますが、最初の目的はどうであれ、デートをしてみて「いい子だな」って思えば男性は付き合い、「こいつだ」と思えば結婚に至《いた》ります。

ぼくの周りの男性にも、何気なく声をかけた女性、しかも理想とはまったく違うタイプの女性と付き合っている人がたくさんいます。

最初から「浮気」をテーマにしたら、「この人は束縛《そくばく》するかも？」と思われてしまう場合もあるから、それも言わないほうがいいと思いますよ。

最初の出会いで男性からハードルの高い女性だと思われないようにね。**モテる女っていうのは、理想を持っていても、決して口には出さない人**なんです。

もちろん「理想を持つな」という意味ではありませんよ。理想のタイプは口にしないほうが得策《とくさく》だということなんです。もし、聞かれたらこう言いましょう。

「目が奇麗《きれい》な人が好きよ」

「仕事を頑張ってる人にあこがれちゃうわ」

つまり、男性が自分では判断のつけにくい抽象的《ちゅうしょうてき》なことを言うのです。そして、いざ付き合ってみて、「いいな」と感じたら、理想のタイプを彼に告げるといいでしょう。もちろん相手に当てはまってる点をです。

すると、彼は「俺はあいつの理想のタイプだったんだ」と喜び、価値観が合っているのを再確認するから長続きできるのです。

人間って、浅い付き合いだと相手の長所は見えないものです。欠点はすぐわかってもね。

そんなとき、彼の長所も欠点もしっかり把握《はあく》できていたらどんなに楽でしょう。だから、ぼくは恋愛をより楽しんでもらうために星読み術をすすめているのです。

「八方美人」おおいにけっこう!

「あなた八方美人ね」と言われたとしたら、どう思いますか?

おそらく嬉《うれ》しいと感じる人は少ないと思います。

それはなぜかというと、「調子がいい」「誰にでもいい顔する」といった具合に、あまり良い意味で表現されることはありませんからね。

でもぼくは、女性は八方美人ぐらいにしているほうが、ちょうどいいと思ってます。

なぜなら「八方美人」の本来の意味は、

「どこから見ても欠点のない人。誰に対しても如才《じょさい》なく振《ふ》る舞《ま》う人」

とあるからです。

多かれ少なかれ、この要素ってモテるためには必要なことです。

あなたが、男の視線を釘付けにするくらいの美人だったら、黙っていても声をかけられるでしょう。でも、そうじゃないと感じるなら自分から動かないと。

人の気持ちを感じ取り、それに対して如才なく振る舞ってみましょう。

日頃《ひごろ》から心がけていれば、それは好きな彼にも応用《おうよう》できます。

相手も何かメッセージを発信しています。恋は、そのメッセージをいかに感じ取れるかが鍵です。

いつも言葉で発信しているとはかぎりません。

それは、何気ない仕草に表れているものなのです。

だから、相手の気持ちを感じ取りやすくするためには、自分の心の感受性を高めることが重要になってきます。そのためには、環境をあえて用意してあげないといけません。

それは、映画を観《み》ることであったり、本を読むことであったり、お芝居を楽しむことであったりします。

つまり、感動できるものに多く触《ふ》れておくことです。

子どものころに感動した本や物語、童話や童謡に再《ふたた》び触れてみるのもいいです。同じ物語でも、きっと昔とは違った感動が溢《あふ》れてくるでしょう。

仕事ができて、優しい男は、カワイイだけの女に惚れることはありません。

一緒に過ごす時間の中で、いかに成長できるかということにとても重点をおいています。

そんな人のパートナーになっても退屈《たいくつ》させることなく、ドキドキさせ続けるためには、あなたも常日頃《つねひごろ》から多くのことに触れておくべきです。

それにともなって五感も働きやすくなりますから、自然に相手を思いやった行動をとることができるようになるのです。

彼の自慢話に「そんなこと知っているよ」みたいな知ったかぶりをせず、「何でもよく知ってるね。すごいね」と素直に感心して、尊敬《そんけい》の念《ねん》を伝えてみて。すると相手の気持ちをさらに深く感じ取る能力が育ちます。

男のちょっとした不満にも気づくし、ダメ男にのぼせ上がることもありません。恋を自分の手に収《おさ》めるには、心の感受性を磨くこと。相手の気持ちを感じ取ることができると、話がしやすくなります。

まず**普段から八方美人になって、感覚器を研ぎ澄ませていきましょう。**そのうち「気が利《き》く子だな」と、彼の目にもどんどん好印象に映っていきます。

マンネリ化が恋を終わらせる

「先週、３年間付き合っていた彼と別れました。結婚も考えていたほど、理想の男性でした。今でもすごく好きなんです」

そう切り出してきたのは、ショートボブのよく似合《にあ》う29歳の俊美さん。彼女の悩みは、3年間付き合った彼との別れでした。

彼女への気持ちはすでに「恋愛」ではなくなった、と彼は言います。家族みたいというか、「好き」よりも「愛情」なんだと。特定な相手はいないようですが、「他の女性とも付き合ってみたい」という気持ちがあるようです。

彼女もそんな彼を縛《しば》るのはよくないと思い、1ヵ月ほど話し合って、別れを納得《なっとく》しました。

会うことはないようですが、今でも電話で話したり、メールをしたりと仲良しです。

「私はどうしても未練《みれん》が断ち切れず、電話するのを我慢《がまん》したりもしますが、それができないときもあって。本心は、いつかまた新しくなった心境《しんきょう》で付き合えたらいいのにと思ってしまいます。甘い考えかもしれないけど……。

こういう関係になってしまうと、もう私を恋人として見てくれることないのでしょうか？

それに彼以外の人と深く付き合う気にはなれなくて。軽く付き合える人を探そうとか、そばにいてくれる人を探そうなどと思ったりもしましたが、なかなかそれもできずにいます。

このまま彼を好きでいていいのでしょうか？　それとも、他に好きな人を探したほうがいいのでしょうか？」

この話を聞いて、ぼくは「そこまで愛されて、彼はホントにシアワセ者だなぁ」と感じました。

男の心境にも、いろんなパターンがありますからね。

一概《いちがい》には言えませんが、男の人はまれに、マンネリ化して自ら別れた元カノにもかかわらず、「アイツと別れたのはまちがいだったかも……」と未練を持ち続けることがあります。

出会いとは、すべてタイミングです。

必ずしも、いちばん好きな人と結婚するというわけではないのです。実際は２番目に、いや３番目に好きな人と結婚するパターンだって多いのです。

もしあなたが誰かと付き合っていて、忘れられない元彼があなたのもとに帰ってきたとしましょう。そのときこそ、真剣《しんけん》に「結婚」を考えるべきです。

あなたに新しい恋人がいたら、ふたりを比べて、「自分がしあわせになる相手はどちらだ」みたいにね。

しあわせになるための選択は、その時の直観でいいのです。

現実的過ぎるようですが、そうした直観こそが星の示すしあわせの道に沿《そ》った決断だったりするのです。

星は、その直感があなたの本心から出てくれることを何より望んでいます。

そのために、日頃から声を発してくれているのです。

「いいえ、私は『この人だ！』と思った相手と結婚しましたが結局《けっきょく》、離婚しました」とおっしゃる方もいるでしょう。

しかし、ぼくたちはいつでも自分に足りないものを補《おぎな》えるように、物事を選択・決断しながら生きているのです。

つまり人生に起こることは、すべて必須《ひっす》なのです。無駄なことは1つもありません。

失恋や離婚という経験だって、そこから得られるものがあなたの人生に必要だったからこそ、その相手を選択したのです。

この彼の場合も俊美さんのことが嫌いになったわけではなくて、ただマンネリ化したから気持ちを切り替えたかったのだと思います。

それが今のふたりのタイミングなのです。

彼に足りないものは、彼女以外の女の子と付き合ってみるという経験でした。

別れを選択したということは将来、しあわせになっていく女性を守るためには大切なことなのです。

★占った結果は？

俊美さんの悩みを占ってみると、その別れた彼との相性《あいしょう》はそんなに悪くないんですね。いや、むしろ結婚相手にふさわしい者同士。

『命盤』には、ふたりのしあわせへの道を指し示す星たちが明確に記されていました。

彼が星の声を無視する、つまり自分の心を押し曲げることがないかぎり、彼女のもとに戻ってくることはまちがいありません。

自分の気持ちに素直な性格の彼は、星の声に沿った生き方をすると確信《かくしん》できました。

そこで、ぼくは彼女にあえてこうアドバイスをしたのです。

「占いで、彼が今後どうするかはわかります。でも、今そんな先のことを悩むなんてもったいない。やっぱりね、タイミングが大事だと思います。

今は時期ではないというか。だから、いったん離れるっていう選択はまちがいではありません。彼がこれから新しい彼女と付き合ったとしても、その女性とずっと上手くやっていくと星は語っていません。

彼もほんとうは、そのことをわかっています。あなたでなければダメなんだと。

寂しくなったとき、ふと、あなたとの楽しかった日々を思い出すこともあるでしょう。つらいのは今だけですよ。その間、寂しさに耐《た》えられなくなってしまうようであれば、他の人と付き合ってみて」


あの相談を受けた日から、約半年たちました。新宿のとあるイベントで偶然ばったり俊美さんに出会ったのです。

「あの時はありがとうございました。ほんとに救われた気持ちです」と切り出した彼女は、とてもはつらつとして前向きなイメージでした。今、会社の人からお付き合いしたいと告白されて、ちょっと気分が良い、と喜んで語ってくれました。

「もう彼のことはふっ切れたの？」と聞いたら、完璧じゃないけど、かなり傷は癒えたと言っていました。「また占ってください。今度こそうまくいくといいな」と笑顔を返してくれました。

恋は夢中になり過ぎず

優しいけどズルい。そんな男がなぜモテるのでしょうか。

それは女性の快楽原理《げんり》をうまく利用しているからです。

もちろん算段《さんだん》しているわけではありませんよ。根っから、そういう能力に長《た》けているのです。

恋にのめり込み過ぎて冷静な判断がつかないようになると、都合《つごう》のいいように扱《あつか》われたりしてしまいますね。それは避けたいものです。

では、そうなりやすい女性の「命盤」って、どうなっているのでしょうか。

まず考えられるのは、「命宮」に強い輝きを持つ星がないということ。そういった女性は幼少の頃から人見知りしやすく、孤独になりがちです。

しかし、成人を過ぎると「自分を変えなきゃ」という気持ちが働き、誰とでも打《う》ち解《と》けようと努力します。

一見、社交性がある女性は友だちがたくさんできますが、彼女にとってそれは未知なるストレスなのです。

また、そのストレスを隠しながら同性の友だちと付き合う。そしてあるとき、それほど好きでもない、タイプでもない男性から言い寄られたりして「NO《ノー》」と言えないまま交際することになります。

でも不思議なことに、次第にその彼が自分のタイプになっていくのです。

まさに恋の麻薬《まやく》を打たれた状態です。

マジメな女性ほどダメ男にはまりますよね。

ダメ男の定義《ていぎ》はさまざまですが、ほんとうはマジメで優しいけれど不良っぽい、という特徴があります。

「彼は自由で気まま。夢を追いかけるタイプなの。でも、私のことを好きになってくれた。だから私は、彼に尽くさなくちゃ」

という思考《しこう》パターンに陥ります。

もし、好きになった相手がプレイボーイだった場合、あなたが深く愛してしまったらトラブルは避けて通れません。

逆に、モテない男だとしても油断《ゆだん》は禁物です。

モテたことが少ない男は、あなたが自分に夢中になっている姿を見ることから快楽原理が働き、変に自信をつけてしまいます。まさに「無敵状態」。その辺にごろごろと転がっている誘惑《ゆうわく》に突き進んでいってしまいますからね。

どんなことがあっても、好きな相手とだけ時を過ごすようなマネはしないでくださいね。彼とだけの交際が深く続いたら、あなたの人間性が小さくしぼんでしまうでしょう。

異性がふたりでいる場合、そこには必ずひずみが生まれます。

最初は楽しくても、いずれ倦怠期《けんたいき》というものに遭遇します。そのとき気づいたら、あなたの周りに相談できる友だちが誰もいなかった、という事態《じたい》にならないためにね。

悩みと涙にさよならを！

素敵な彼にめぐり会えても、なぜか不安で悩んでしまう――。

そんなことありませんか？

誰かに恋をすると、まずときめきますよね。

おそらく嬉しい感情が最初にくるはずです。

そして次の段階にいくと、シアワセだった気持ちがつらい、悲しいといったマイナスの感情に変化するのです。

「自分が彼を思う気持ちと同じくらい、彼は私を好きでいてくれるかどうか」

「彼には好きな女性が他にいるみたい」

かりに、そのまま両思い一直線であっても、必ずそういう感情は生まれます。運命的で終始《しゅうし》しあわせなパターンは、悲しいけれど、かなり稀《まれ》なのが現実の恋です。

片思いにせよ、両思いにせよ、気をつけたいのが「悩む」という感情の振幅《しんぷく》だと思います。

「片思いの相手に、自分の気持ちを気づかせたい」

と、両思いになるための方策《ほうさく》を考えることは必要です。

でも、「悩む」という行為に先はないのです。

悩んだからといって、妙案《みょうあん》は生まれません。

悩む恋にさよならを！

そうです。片思いだからといってネガティブにはならず、まずはどうしたら上手くいくのかを考えましょう。

そして、考えて行動しても上手くいかなかったら、すっぱりあきらめることです。決断するのはかなりつらいけれど、ただ悩む時間が長いと蟻地獄《ありじごく》のような状態に陥ります。

もう少し機《き》が熟《じゅく》すのを待って再アタックをかけてもいいですが、他にもっと素敵な男性はいないかと周囲を見回してみてはどうでしょうか。

「この世に恋する男性はただ一人、あの人だけなの。だから、いつまでたっても悩んだままふっきれない」

このような感情に支配されると、大切なものを見失ってしまいます。

悩みに悩んで、かりにそれがあるとき実り、「さぁ、恋がスタート」となったとしても、そんな恋はおそらく、それから先もずっと悩みっぱなしになるはずです。

悩んだ時期が長かった恋は、その後も泣くことが多い、つらい恋愛になります。

それは、できれば避けたいところですね。

その人の立場やあなたの立場、経済面、距離的なことの悩みならいいでしょう。

でもふたりの間の感情的なこと、精神性や価値観《かちかん》などのズレで悩む恋は、あまりよい恋だとは言えません。

最初から悩むことが予測できる恋愛はしない――そう判断する勇気や理性《りせい》も必要なの

ではないでしょうか。

愛される「ほめ方」って？

男も女も、人からほめられたら嬉しいものです。

「かわいいね」という外見的なものから「気が利くね」という内面的なものまで、さまざまです。

外見をほめられたら、もちろん嬉しいでしょう。

もし彼が洋服に気を遣《つか》ってる人であれば「いつもオシャレね」などと言ってあげると、「そう？」ってはにかんで、「じつはさ、この服はね……」と話が盛り上がったりしますね。

奮発《ふんぱつ》して買った高い物なら、とくにほめてもらうと嬉しいですし、かりに安い物でも「えっ、そんなに安くみえないわ。着こなしがうまいのね」と言われれば、彼の喜びはさらに大きいものとなるでしょう。

では、内面的なことはどうでしょう。

男性は「あなたがいちばんよ」という言葉にすごく反応します。
これは最上級のほめ言葉なのですね。

「私はあなたと親しくなれてしあわせ」

と素直に伝えるようにしましょう。すると彼は、

「自分を必要としてくれているんだ。自分の存在を大切だと思っている」

と感じてくれます。

また、男性がもっとも価値をおいていること、それは「男らしく生きる」ということです。

そのため、たとえ何らかの問題が起きたとしても、自分一人の力で解決することが何よりも大切なのです。

そんなとき彼は、あなたと楽しい時間を過ごしていながらも、問題を解決するために思考を回転させています。だから、ときにうわの空になったり、そっけない態度をとってしまったりするのです。

そんな彼を見て、あなたは不安になったりしていませんか。

もしくは、彼の力になりたいと感じるかもしれません。

でもぼくは、あえて言います。

「彼ならきっと大丈夫だ」と信じる気持ちを持ってほしいということを。

だって、あなたが選んだ彼なんだから。

もし誰かが「彼じゃ解決できないな」なんて口走ろうものなら、「そんなことないよ」って全否定したくなるでしょう？

あなたがそうやって信じてあげれば、彼は真の自信を身につけることができるのです。

「信じている」「一人の男として頼りにしている」という気持ちを素直に彼に伝えること。

これも大切なほめ言葉なのです。

「すごく優しい、思いやりがあるわ」

「頭の回転が速いね」

「私の知らないことを、たくさん知ってるのね」

という言葉から、尊敬の念は伝わります。

もちろん人前でほめることも忘れないでくださいね。

ただし、禁句《きんく》もありますよ。

「私の言うことは、何でも聞いてくれるの」「私の前では甘えてるのよ」など。

つまり、彼があなたの尻にしかれてるようなニュアンスは絶対に避けましょう。

なぜなら、他人が聞いたとき「この人、男としてどうなの？」って誤解されるし、男のプライドを傷つけるような女は絶対にモテないですよ。

そこがポイントです。

突然過ぎる別れの朝

とても深刻《しんこく》な恋愛相談を投げかけられました。

都内の中小企業でＯＬをしている31歳の真佐美さんです。

「最近、彼から、いきなり別れを告げられました。５年も一緒に暮らしていたのに。

その日も夕食を一緒にし、愛し合って。

でも、その翌朝いきなり『今日で終わりだ。もう電話もするな』って。あまりにも急で、少し距離《きょり》をおいてもう少し考えて、と提案しても受け付けてもらえず。

いつも一緒にいて、必ず電話にも出てくれて、食事も毎日ともにしながら一緒に暮らしていたのに。私は、彼の行動がどうしても理解できず苦しみました。涙どころじゃありません。

ホルモン異常のため不正出血《ふせいしゅっけつ》、胃潰瘍《いかいよう》、円形脱毛症《えんけいだつもうしょう》、自律神経失調症《じりつしんけいしっちょうしょう》。とうとう、ウツ病になりました。毎日、何も手につかないし体調も戻りません。

私は、どうすればいいのですか」


何の理由も言わずに突然別れを言うなんて、あんまりにもヒドいですね。

彼は5年という時間の重みを、いったいどう考えているのでしょうか。

確かに結婚していない恋愛は自由だけど、あまりにも不可解です。

彼に起こっている何かはよほどのこととも思えますが、それを告げてもらえないことがさらにつらいですね。


「要するに浮気っぽいのです。これまでも、何度か他の女性に接近しようとしたのだけど止めてきた。でも、また新しく興味のある人が現れたのでしょう。

私はただ頭が呆然《ぼうぜん》としていて、何もできない状態なんです」


現実に起こったことが受け入れられないことはよくあります。

まして、ついさっきまで肌を合わせていた人からの突然の言葉なのですから。

彼女のつらい気持ちは痛いほど伝わってきました。

しかし、ぼくは彼の気持ちも理解できました。

ぼくも離婚を経験しているし、ほんとうにつらい時期が長かったからです。

失恋を乗り越えるには、たくさんのエネルギーを使います。

とても一人きりでは耐えられないものですし、時間もかかります。

でも、ズルズルと気持ちや関係をひきずることが、いいことであるとは言えません。

あなたがしあわせになるための答えを星が導いてくれているように、去っていった好きな人にも「星」は存在しています。

恋愛が上手くいかなくなるのは、ふたりの星の声がまったく異なった答えをだしているからなのです。

ぼくたち人間は、自分が選んだ星の声を気づかぬうちに聞き取っています。

しあわせになるための星の声を無視し続けていると、その声は次第に騒音《そうおん》へと変わります。

友だちから「恋も仕事も上手くいっていていいね」などと言われ、あなたも何となくそれに納得している。でも、ふとしたときに不安や悲しみに苛《さいな》まれ、いてもたってもいられなくなることがありませんか?

追い立てられるようにネガティブな気持ちになったりしませんか?

それは、すべて「星の悲鳴《ひめい》」なのです。

あなたにしあわせになろうとする勇気がないと、その悲鳴はどんどん大きくなっていきます。

真佐美さんから彼が離れていったのも、彼自身が自分の星の声を無視し続けてまで、これ以上、彼女と一緒にいることができなくなったからでしょう。

男とは雑《ざつ》な生き物だけど、繊細《せんさい》な部分もあるのです。

それは自分の「美学」とか「生きざま」に関してよく表れてきます。

星が指し示す「男らしさ」の声に反した生き方は、したくなかったのかもしれません。

しかも他に好きな人が現れたとなると、その声に従《したが》いたいという本心がより強くなりますね。

それは好きになった彼が、ほんとうに輝くための道へ足を踏み出した瞬間なのです。逆《さか》らったところで、ふたりは上手くはいきませんよ。

互いの星が導いた者同士ではなかったとしても、「愛した人」には変わりはありません。

彼の勇気をいつかは認めてあげられるようになることが、いちばん大切なのです。

そのことをよく理解し、新しい恋を探すのです。

もがき苦しみながらも、受け入れざるを得ないこともあります。

そのために必要なことは新しい恋を探して、悲しみにしあわせを上《うわ》書《が》きすることなのです。

そうして恋を続けていくうちに、星が導く運命の人に必ずや出会ってしあわせになれることでしょう。

すべては星が見守っていますよ。

★占った結果は？

このような相談のとき、星読み師は「命盤」の「夫妻宮」に注目します。

夫妻宮では結婚に関するあらゆることを見ることができます。彼の夫妻宮を見てみると、そこに浮気星である「右弼」がちゃっかり入っていました。

この星は、基本的には「吉」を誘因してくれるはずですが、どういうわけか夫妻宮に入ると、浮気星になってしまうようです。

そして彼女の夫妻宮と照《て》らし合わせたところ、やはり共通した本命愛の星が1つも当てはまらないのです。これでは、しあわせなゴールインは期待できませんね。

「彼は、あなたにそれを教えてくれるための存在なんだよ。

結婚しても決して上手くいくことはない。だから、今の時期に別れを切り出した彼は正解なんだ。あなたは繊細な女性だから、結婚する前にそれがわかってよかった。

彼を思い出にするためには、新しい恋をするしかない！

恋をしてください。そうすれば体調も必ず良くなります。あなたはいつか、ほんとうの恋人を見つけることができるはずです」

それ以来、彼女はことあるごとに自分の命盤を眺《なが》めるようになり、星が教えてくれた自分らしい生き方を選択するようになりました。もちろん、今では精神的に落ち着いて、仕事にも遊びにも前向きに生きられるようになりました。

この本が出るころには、きっと新しい出会いが訪れているはずです。

過去の「彼」をひきずらないで

ほんとうに心ある賢明《けんめい》な男性だったら、相手の女性の良さや欠点まで含めて、生理的・本能的に嗅《か》ぎ分《わ》けて好きになってくれたり、自分を好きになってくれない理由をきちんと伝えてくれるはずです。

そういう男性だったら、失恋したって時間が経《た》てば納得もあきらめもつきますよね。でも中途半端《ちゅうとはんぱ》で、理由にならない理由で付き合ったり、意味もなくフラれたりすると、なかなかふんぎりがつかない状態になります。

これが「ひきずる」という現象《げんしょう》です。

失恋しても、彼を忘れられないってことありますよね。

彼が来そうな場所に行くと、知らず知らずのうちに彼を探してしまったり、実際に偶然出会えたときは心が焦《こ》がれたり。

屈託《くったく》なく「元気だった？」と笑いかける彼の眼差《まなざ》しが心に突き刺さる。

嬉しさがはみでて、必要以上に明るく彼に笑い返すと、その分だけ寂しさも感じます。

「悲劇のヒロインになっているだけかもしれない」

と、ふと我に返って、さらに深い悲しみに襲《おそ》われたりもしますね。

そんなときは、周囲にいる家族や友人など、優しく声をかけてくれた人に感謝の気持ちさえ失ってしまいがち。だからきちんとお礼も言えません。

誰かと一緒にいるとき、カタチだけはとりつくろいますが、心はいつも相手の顔を見ていないし、相手の話もあまり聞けていないかもしれません。

気がつくと、話題も好きだったあの人のことになりがちです。

これでは、一緒にいる人だって面白《おもしろ》くないですよね。

あなたに声をかけられなくなったり、誘いづらくなったりします。

「それでいいの、一人がいいの」

と心の中でつぶやき、止まった「負《ふ》」の時間を過ごしてしまうのは、じつにもったいないですね。

このヒロインは、可愛くも美しくもありません。

あなた自身だって、何を食べても美味《おい》しくないし、どこに出かけても何をしても楽しくはないでしょう。

こんな気持ちのままでは、しあわせは絶対にやってきません。

失恋はつらい、悲しい、悔《くや》しい。

できれば起こってほしくないし、一生味わうことがなければどんなに楽でしょう。

でも**誰でも一回や二回、大なり小なり経験する出来事です。**

大事なことは失恋の受け止め方。その経験をこれからの自分の人生に、どう生かせるかだと思います。

時が過ぎて元気を回復したとき、きっとそのことに気がつきます。

大きく成長できたあなたを見て、「素敵な女性だな」と思ってくれる男性が必ず現れますからね。

しあわせへの近道とは、自分を好きになること

あなたは自分のことが好きですか？

さまざまな相談者の方と話をして、恋が上手くいっていない女性の共通点が「星の声に逆らって生きようとしている」ということでした。

それは、自分のことをあまり好きになれないという形になって表れてくるものです。

ぼくは、**自分を好きになることが素敵な女性へのいちばんの近道**だと思っています。

なぜなら、自分を好きになるためには、自分を知る（理解する）ことから始めなければ

いけないからです。

自分でもいけないと思っているところ、直さなければならない欠点を見つめ直すのです。

そして、自分はどういう人間なのか？

はたして何が大切なのか？

相手に何を求めているか？

これらを自覚します。

仲良しの友だちに「私ってどんな性格だと思う？」と、聞いてみてください。

ほんとうの親友は、あなたの期待とはまったく違う、あなた自身について、とても突っ込んだ内容を教えてくれるはずです。

ハッキリ言われると、そのときは正直「ムッ」とするはずです。

でも、彼らは「直せ」と言いたかったのではありません。

親友というのは、悪い部分も含めて互いを想い合うものです。そういう意味では恋人にとてもよく似た存在です。

したがって、その助言に耳を傾ければ、好きな彼とも長く付き合える女性になれるのです。

自分のことをいちばんわかろうとしないのは、もしかすると自分自身なのかもしれませんね。

自分を好きになり、自分の想いに対して決してウソをつかないこと。

ウソをついていると、自分自身のほんとうの姿を受け入れられなくなります。そして、自らついているウソに悩み苦しむことになり、その結果、しあわせを逃がしてしまうのです。

それでは、いつまでたっても価値のあるものや真実が発見できません。そのまま恋愛を続けても、あなたの魅力が発揮されなくなり、最悪の場合、大切な人を失うことにもなりかねません。

人間としての魅力《みりょく》は、外見的《がいけんてき》なものより内面的なもののほうが、はるかに大きいのです。ですから、ぼくは自分を好きになることで、魅力ある女性へと変化すると思っています。

もちろん、自分自身を知ることは簡単ではありません。なぜなら、それは自分自身のイヤな部分を見ることに対しての恐怖《きょうふ》があるからです。星の声に従うことに勇気がいるのはそのためです。

しかし、あなた自身が自分を好きになれなくて、どうして他人があなたを好きになれるのでしょうか。まず、自分を好きになるために心の声に耳を傾けてくださいね。

もし、その声が聞き取りにくい場合は「命盤」を見ることをおすすめします。

「命盤」には、あなたの対人関係に関する運勢がするどく示されています。

そしてそこには同時に、あなたにとってのほんとうのしあわせも映し出されています。

そのうち「私なんかじゃ」という言葉は自然と消えていきます。

失恋に傷ついたとしても、「こんな素敵な自分をフルような見る目のないやつはサヨナラしてよかった」。そう思えるようになってくださいね。

失恋の傷を癒すメンタルテクニック

最近、彼と別れました。原因は性格の不一致です。

そう切り出したのは24歳の亜希子さん。彼女は、都内でカメラマンのアシスタントをしている活発な女性です。

「半年ほど前、彼のほうが私に一目惚《ひとめぼ》れみたいな感じで告白してきて、付き合い始めたんです。だけど、お互いをよく知らないまま付き合ったのがいけなかったのか、最終的には『君の性格が好きになれない』という理由でふられてしまいました。

確かに、私の方にも非がありました。思い当たることはたくさんあります。けど、彼にそう言われて、自分のことを全否定された気がしちゃって。

短い間だったけど、私は彼のことだんだん好きになったし、彼といて楽しかったんです。だから『好きじゃなくなっちゃった』って言われたとき、それを受け入れることができませんでした。

半年前に好きだって言ってたのも、優しい彼も全部ウソだったんだろうか。そう考え出したら、もう人を信じることができなくなってしまいそうです。

あんなに楽しかった出来事も、すべてつらい思い出に変わってしまいました。いっそのこと彼を嫌いになれたら楽なのに。

彼が私のこと好きになれないっていうのは、受け止めなきゃいけない事実だと思います。けど、彼とのしあわせだった思い出は、しあわせなままでとっておきたかった。

いつから彼の気持ちが変わったのかわからないけど、あれもこれも全部ウソだったんだ……、そう思ったらしあわせな思い出なんか1つも残りません。

でも、彼のことが好きっていう気持ちは消えなくて、どうしたらいいかわかりません。これから先、誰かに好きって言われても信じる自信がありません」

亜希子さんのことを好きといった彼の言葉は「ウソ」だったのでしょうか。いえ、必ずしもそういうわけではありません。

半年前、彼は衝動的《しょうどうてき》に亜希子さんに一目惚れした。これは事実です。しかし、付き合っていくうちに彼の中で、亜希子さんの好きじゃない部分ばかりがクローズアップされてしまったのですね。

これには2つの要因《よういん》があります。

まず1つは、彼が自分勝手だという点です。

自分から口説いておきながら「やっぱり好きじゃなかった」というのは、男にありがちな身勝手《みがって》さです。

女性は甘い体験を無駄にしたくないという気持ちが強いので、よく考えてみると好きじゃない相手でも、

「いや、私は彼のことが好きなはず」

と正当化する意識が働きます。

しかし男性は、

「本心から好きじゃない彼女と、これからも付き合っていっていいのだろうか」

と煩悶《はんもん》してしまうのです。


そして2つ目の要因。

彼と亜希子さんとは運命のカップルではなく、お互いが向上《こうじょう》するための数カ月間だけ必要な相手だった、ということです。

人間は向上するために、いくつかの煩悩をクリアしなければなりません。男と女がいるかぎり「もてたい」という煩悩が、そのうちの多数をしめています。男性は女性に比べて「もてたい」という気持ちが強く、女性はむしろ「孤独から解放されたい」という欲求が大きいと考えられます。

これがさらに強まると「煩悩」になります。

煩悩が高まっていくと、嫉妬や羨望《せんぼう》が強くなります。誰かを憎《にく》んだり、蹴落《けお》としたいと思うようになったり、それができなくなるとヤケを起こしたり、自信を失ってしまったりします。

「これから先、誰かに告白されたとしても信じられる自信がない」

と亜希子さんは嘆《なげ》いています。

しかし、そうした悲しみや自信喪失《そうしつ》という大きな事件を乗り越えて、人はさらにステップアップするのです。

だから彼女は、それを「いつ」どういう形で乗り越えるのか、という課題《かだい》を与えられたわけです。必ず乗り越えなければならないし、もちろん乗り切ることの可能な宿題です。おそらく今は、こういうことを言葉にすることが亜希子さんにとって大きな癒しなんだと思います。別に心配しなくても人は誰かを好きになるとき、どんなに拒《こば》んだって好きになってしまうものです。

今は心置きなく彼を好きだった自分と、彼に好きだと言われた自分を悲しみに浸《ひた》しておけば良い段階なのです。**別れはいつだってつらいもの。逆に、そうでなければいけないと、ぼくは信じています。**

なにもポジティブに生きていけば良い、というものではありません。落ち込んだときは、ドーンと深く悲しみを味わうべきなんです。時間をかけて少しずつ気持ちを整理していけばよいと思います。

そんな作業に飽《あ》きたころ、また素敵な恋ができるでしょうから。

と、アドバイスしました。

「ありがとうございます。今はとてもつらいです。どれだけ泣けば涙が涸《か》れるんだろうって思うぐらい毎日泣きます。

けど、いろいろ考える中で、彼は彼なりに私のことを大切にしてくれてたんだって思えるようになりました。だから彼のせいで人を信じられなくなっただなんて思わないことにしました。今はまだ泣いてしまうけど、いつかもっとしあわせな恋ができるって信じることにします」


自分に合う相手が現れたら、ネガティブな気持ちが不思議となくなると思いますよ。自然と相手を好きになれて、相手もあなたを好きでいてくれるのが伝わってくるでしょう。すると、自分のコンプレックスが可愛《かわい》らしく思えたりします。

そんな恋愛に、いつかめぐり合えると思います。


「彼だって一時の間だけでも、あなたのことを本気で好きだったはず。

でも、相手があなたのことに疑問を感じてしまったように、あなただって彼に疑問を感じる部分や『もっとこうしてほしい』と思う部分があったと思います。

だからお互いが、もっと自分にぴったりの相手を探すべきだし、あなたも今のままのあなたを無理せずにずっと好きでいてくれる彼を見つけるべきです。

彼はあなたより少し早く、それに気がついただけ。

このまま彼と付き合っていっても、あなただってそれに気がついて、いつかは彼に別れを告げたと思いますよ」

「おっしゃるとおり、最初は彼も私のこと、ほんとうに好きだったと思います。真剣《しんけん》であったからこそ、彼も別れなければと思ったんでしょう。

私も正直、性格が合わないのかなって思うことはありました。けど、自分と違うからこそ魅《ひ》かれたし、合わない部分は努力で埋《う》めようと思っていました。でも、努力で埋められるレベルじゃなかったのかもしれませんね。

いつか、ほんとうに愛し合える相手が見つけられたらいいなって思います」

失恋したら、つらい気持ちはみんな一緒なんです。

つらいときって「自分だけがつらい」と思い込んでしまうけど、人生の中でそういう時期って誰にでもあるし、その回数が多いほど人の痛みもわかるようになるのです。

失恋してつらい思いをした分、それを乗り越えることができたら、さらに魅力的な人間に成長できると考えてください。

誰かのことを心から愛した経験はムダにはなりません。

いつか絶対にしあわせな恋愛ができるって信じる気持ちが、女性の恋愛力を向上させるのです。

あきらめられない恋に効く涙の処方箋

美容専門学校に講師として勤務する26歳の留美さんが、同じ専門学校の職員に恋をしました。

就職指導を担当する男性で、よく学生への指導のことで相談していました。

お互いニックネームで呼び合うくらい仲がいい間柄。彼は、留美さんが自分に好意があることを、薄々わかっていると思います。

たまにプライベートな話もして、２年以上付き合っている彼女がいることも知っていますが、好きになってしまいました。

でも彼は、まるで兄弟みたいに接してくれます。

「君には、もうちょっと華やかなファッションのほうが似合うよ」などと、たわいもない話をしたり、他の人も交《まじ》えて食事するときなどは、帰る方向が一緒なので、タクシーに乗り自宅まで送ってくれたり。
たまに夜遅くまで相談にのってくれたりするうちに特別な感情を抱くようになり、今では、どうしても思いを断ち切れないほど好きになってしまいました。
彼女とはうまくいってるみたいだし、年齢も30歳なので、もうそろそろ結婚しちゃうのでは……と、不安でいっぱいです。

「この苦しい気持ちを何とかしたいです。いっそ、転職でもして忘れようかとも思いました。でも、私のことを忘れられてしまうのがいちばん怖《こわ》いんです。『はやく彼氏を見つけろよ』なんて冗談でよく言われるので、脈《みゃく》がないと思ってしまいます。彼女がいる男性を好きになった場合、あきらめるにはどうしたらいいでしょうか？」

何も行動を起こさないであきらめてしまうのは、たとえ結果がどうであったにせよ後悔しか残りません。

相手の男性が、あなたの好意を感じている保証はどこにもありませんから、気持ちはキチンと伝えるべきではないでしょうか？

私の近くにも、10年近く付き合っていた彼女と別れて最近、新しい女性と結婚する予定の男性がいます。

交際期間は何の意味も持たないので、あなたの本心は伝えるべきだと思います。

結果は後からついてきますからね。

行動を起こさずして、ただあきらめる必要はどこにもありませんよ。

たとえ、それで失恋してしまったとしても、それは1つの人生経験になるはずです。**失恋の回数が少ないと、本命の異性と付き合ったとき「嫌われたらどうしよう」「もし、彼から別れ話を切り出されたら」なんて、いつもビクビクしながら日常を過ごすことになりかねません。**

まずね、「こりゃ、ダメだろ」って開き直ることです。

そして、「とてもムリだろうけど、イチかバチか……」といった勢いに任せて告白しちゃうんですよ。

もちろんムードは大切ですから、彼の好みのシチュエーションをセッティングして、何気なく誘っちゃいましょう。

そして、なんだかいい雰囲気になったらしめたもの。

でも、大きな期待はしちゃいけません。

「ごめんね。彼女がいるし、君にはそういう感情はないんだ」

と言われることを念頭《ねんとう》においてね。

最悪の事態を想定した状態でフラれても、そんなに痛手《いたで》は残りません。

あとは女の子なんだから、その場で泣いちゃってもいい。ムリして気丈《きじょう》に振る舞うんじゃなくて、自分の気持ちに素直になってごらんなさい。そしたら失恋したあとの立ち直りも軽くすむし、なによりそれが、あなた自身が恋愛の人になるための第一歩です。

明治時代に北村透谷《きたむらとうこく》という詩人がいました。

彼は当時としては、すごく画期的な恋愛論を説いています。

それは、

「戀愛《れんあい》は人世《じんせい》の秘鑰《ひやく》なり」

という件《くだり》です。

意味は「恋愛は人生の秘密を解く鍵だ」という解釈でよいかと思います。

恋愛に憧《あこが》れることも、恋愛によって生きている実感を得ることも、すべて人間にとって特別なことだと言うのです。

さらに透谷は、

「恋愛を知って、初めて人生を知ることができる」

「もし恋愛がなければ、人生はその根本の核を失ってしまう」

という意味合いの言葉を詠《よ》んでいます。

恋愛の渦中《かちゅう》にあるときは、あたかも夢の中にあるかのようです。ぼくたちは、その夢中になった時間の中で、人間としての真実を見つけ出すのだと思います。

単純に考えて留美さんの恋が成就する確率は、きわめて低いだろうと思います。ただ、その現実だけを考えて、

「どうせふられるんだから告白するのはよそう」

と思い、傷つくのを恐れているのであれば、人間としての醍醐《だいご》味《み》を１つ失ってしまうと考えます。

大いに恋をし、大いに失恋すれば、恐れることなど何もなくなります。

異性にふられることでダイレクトに自己の否定を感受し、自信喪失に陥ることもあります。でも、それを幾度《いくど》も乗り越えた先に、自発的な愛が見い出せるのではないかと信じることなのです。

コラム② ★西洋占星術とはどう違うの？

人気の占いは数あれど、やはり占星術ほど緻密にわかる占いは存在しません。占星術ときくと、鏡リュウジさんでおなじみの西洋占星術を思い浮かべるでしょうね。インド占星術や紫微斗数をイメージする人はかなりの通です。英語では単純にアストロロジー（＝astrology）といいます。ちなみに「星占い」と言った場合は、どうも太陽星座だけで見る場合が多いようですが、太陽星座のみで判断する占いは、「日輪占星術」と呼ばれています。個人の出生図の場合、生年月日時でホロスコープを出します。

個人を見る占星術を「ネイタル・アストロロジー」とも言い、出生図のことを本来は「バース・チャート」と言いますが、今では「ホロスコープ」という言い方をします。ちなみに「ホロスコープ」とは、ギリシャ語で「時の見張り」という意味の言葉に由来しています。ホロスコープは、10の惑星、12の星座、12の宮、それにアスペクト（各惑星間などの角度）などの要素を中心に組み合わせて、複雑に判断します。太陽と月のほかに水星から冥王星を加えた10の惑星を使って占います。古典的な占星術ですと、各惑星を吉星、凶星、並星などに分けて、どれがどのような状態かを見て、結果を文字通り「吉か凶か」の判断をしていました。たとえば「太陽なら良い」「土星なら悪い」というような感じですが、最近はそこまでステロタイプの判断はしません。占い師の役目が、必ずしも単純に「吉か凶かの判断をする」ことではなく、より今の状態をどう打開したらよいか、という改善や開運にシフトしてきているからです。

実際に使われる星たちは、皆さんご存知の「黄道十二星座」（牡羊座、牡牛座、双子座……）ですね。もちろん各星座には、それぞれの意味があります。たとえば、タロットは22枚で順番につながっており、長い1つのお話になっています。それと同じように、12星座もタロットのように、牡羊座から始まって魚座までの12星座が1周で1つの物語になっています。おなじ占星術でも東洋はとても現実的ですが、西洋は心理的なのです。東洋占星術はギリシャからインド、そして中国へと流れて行った占いです。国家レベルでは戦争や政治に使われ、個人では出世や恋愛などにその存在感を示しました。

その中でも紫微斗数は、記号ではなく漢字で明記されます。とても身近な存在として、親しみやすいチャートになっていますよね。

第3章

誰にも言えない恋のトラブル解決策

これから紹介するのは、不倫というディープな問題。

誰しも避けたいけど、なぜか魅力的な話題。

不幸になるのはわかっていて、でも好きな相手がたまたま妻子持ち。

もちろん最初は避けますよ。でも男の方から、

「妻とはセックスレスで、すでに愛はない。ぼくの心には、もう君しかいないんだ」

なんて言われて、女の子もまんざらじゃなかったら……。

浮気の許し方ってあるの？

再婚同士の夫婦。31歳の静子さんは、5歳年下の彼と1年付き合った末にめでたく入《にゅう》籍《せき》。しかも、すぐに子宝に恵まれました。ところが、しばらくして旦那《だんな》が「出会い系サークル」に通っていたことが発覚したのです。

理由は、夫婦喧嘩をしてムシャクシャして……ということですが。

さて、彼女の反応は？

「私もそんなに若くもないので、男が浮気するのは、とくに風俗に関してある程度は理

解があるつもりでしたが。でも新婚ですよ」

彼女は今、妊娠3カ月で肉体的にも精神的にも、いちばん大切な時期だったのです。

「怒りが収まりません。離婚はもちろん、堕胎《だたい》も考えました。けれどすごく望んで作った赤ちゃんなので、怖くてまだ考えています。どうしたらよいのかわかりません。また、かりに許すにしても、どうやって許せばいいのかわからないのです。

新婚なので、友だちにも恥ずかしくて、とても相談できません。彼は深く反省していると言いますが、もう信じることはできません」

心の浮気は許せないけど、お金の浮気なら許せる……という女性は、まれにいらっしゃいますね。でも、これは環境でかなり違ってきます。

やはり若ければ若いほど、浮気に対する許容《きょよう》範囲がきつくなりますね。30代にもなると、男を縛《しば》ることによって逆効果になるということが少しずつわかり、余裕《よゆう》が出てくるのかもしれません。

しかし彼女の場合は新婚で、そのうえ妊娠3カ月。怒り心頭なのは当たり前ですよね。

「喧嘩したことはお互いの責任だと思います。解決するようにお互いが改めなければなりません。ただ夫婦とはいえ、もともとは他人同士。一緒にいる時間が長ければ喧嘩もします。その度《たび》にムシャクシャしたからと浮気するのは……。じゃあ、私もムシャクシャしたら浮気していいんですか？　きっと許されないでしょう。人として理性は大切だと思います。長く連れ添った夫婦ならまだしも、最低限やってはいけないことを解っていないこの人を、どうやって許していくのかを悩んでいるのです」

これは、解決に時間がかかりそうです。

★占った結果は？

「もともと彼は性欲が人一倍強いんでしょうね。妊娠して、当然ご無沙汰になっちゃったわけですから。『浮気が必要になってしまった』という彼の感情をよく考慮してあげて、あなたも研究しなくちゃいけなかったんですね。

それにせっかく尊《とうと》い命を授《さず》かったんですから。彼のこと、今でも愛してるんでしょ。だったら、大人の身勝手な判断で堕胎するのは、ぼくは反対です。逆にその子が、あなたの傷を癒してくれるはずですよ。子どもは、かけがえのない存在です。

もちろん、旦那を許せない気持ちはずっと残るかもしれません。

しかし、あなたが強い意志を持ち胸の奥にしまって、強く責め立てなければ上手くやっていけると思います。

そして赤ちゃんを大切にしてください。生まれたいという感情があるから、あなたのおなかにいるのですから。つらいだろうけど乗り切ってほしいです」

この相談では、静子さんの「子女宮」と「田宅宮」を比較しました。案の定、セックスを示す「子女宮」に強い主星とともにエロスの星「天姚《てんよう》」が入っていました。つまり彼女はとても性欲が強い女性で、その魅力に惹かれた五歳年下の彼が、楽しい夫婦生活を期待して入籍したのです。

それにもかかわらず妊娠したとたんに静子さんは、男性として彼を求めなくなってしまったのです。なぜかというと彼女の家庭運をみる「田宅宮」に、とても女性らしい星がいくつも輝いていたからです。

つまり彼女は、独身のときは意欲的に男を求めた。でも、それは素晴らしい家庭を築くための生まれ持った本能だったのです。

とても複雑ですが、彼女は5歳年下の絶倫《ぜつりん》の彼の子種を宿し、そこに生まれた子どもに一生の希望を託しているという「命盤」なのです。

そもそも彼女は、浮気性の彼を旦那に選んでしまった。それは自分の本能でね。でも生まれてくる子どもは、その「命盤」の星どおり、まちがいなく静子さんの天使となることでしょう。


「結果的に離婚することになったとしても、それはまだずいぶん先の話。今は、産むまでそのことは忘れて『もし、この次そんなことがあったら離婚だよ。慰謝料《いしゃりょう》もたっぷり請求するからね』と釘をさしておくこと。

そして、彼と恋に落ちていた日のことを思い出して、たまにはデートだってしなくちゃダメだよ。『好き!』っていう気持ちさえあれば、一度壊《こわ》れかけた夫婦だってうまくやれるよ。彼のエッチの欲望にも、ある程度は答えながらね」

と、アドバイスをしました。もちろん彼女は満足して、足取り軽く帰っていきました。

その後も彼は何度か浮気しているようですが、彼女は以前ほど気にもとめることなく、前向きに子育てを楽しんでいるようです。

なぜ男は浮気をするのか？

男はみんな浮気をするといわれていますよね。少なくとも女よりは男のほうが浮気性だというのがこの世の定説です。

さて、なぜ男は浮気をするのでしょうか。

人間にかぎらず生物の生きる理由は何でしょう。

何のために生きているのかというのは人それぞれ違うと思いますが、まずは「種の保存」をご説明します。人間は子孫を残すために生きているということが、遺伝子に刻まれているのです。これは疑う余地のない大前提です。

さて、無人島に男と女がいるとしましょう。

Aの島には100人の男と1人の女、Bの島には1人の男と100人の女です。では、どちらの島がより長く生き絶《た》えずに種を保存できますか？

答えはズバリ、Bです。

Aの島では女が1人しかいないので、どうがんばっても年に1人しか子どもは産めませんが、Bの島では男次第で年に100人は子どもが産めるのです。

つまり、男が励《はげ》めば（浮気をすれば）子どもが増え、種が保存される確率は高くなります。でも、女がどんなにがんばっても（浮気しても）種が保存される確率は変わらないのです。つまり男が浮気するのは「種の保存」のためで、遺伝子に刻まれており、いたしかたないことなのです。

平安中期に紫式部が書いた『源氏《げんじ》物語』をご存知ですよね。

主人公の光《ひかる》源氏は光り輝くような容姿を持ち、秀でた資質を兼ね備えた好人物。そのため、あらゆる女性から憧れの的として思いを寄せられます。

そんな光源氏は、継母《ままはは》である藤壺《ふじつぼ》の宮《みや》との許されぬ関係を皮切りに六条御息所《ろくじょうみやすどころ》、空蝉《うつせみ》、夕顔《ゆうがお》、朧月夜《おぼろづきよ》の君《きみ》、紫の上など、さまざまなタイプの女性と華麗《かれい》な恋愛遍歴《へんれき》を重ねます。

光源氏は大の女好き。

柱の影から偶然見つけた女性にも、あっさりと一目惚れします。もちろん恋に落ちれば果敢にアプローチし、相手の気持ちを射止《いと》めてしまいます。けれどもやがては、その女性を愛していたにもかかわらず、また別の女性に心ときめかせてしまうのです。どうしようもない女たらしですね。

あなたの周りにも、光源氏のように「あの娘かわいいな」「でもこっちもイイよね」なんて、あちこちの女性に声をかけまくっている男性はいませんか？

男って、どうして1人の女性では飽き足らず、浮気に走る傾向があるのでしょう。

じつは男性の脳には、美しいものを見たときに無意識に目で追跡してしまうという特徴があるそうです。なぜなら男性は「右脳的」な傾向があるため、視覚的《しかくてき》な意識が強いからなのです。

男性は女性よりも「見た目の美しさ」を重視していることが、さまざまな研究で明らかとなっています。

つまり男性は、相手の性格を知らなくとも、見た目が美しければ恋に落ちる傾向が強いのです。イコール一目惚れしやすいというわけです。単に一目惚れだけならいいのですが、ブレーキが外れると浮気に発展してしまうというのです。

では女性はどうでしょうか。『源氏物語』に出てくる女性たちには、光源氏に言い寄られたことが名誉である反面、「ほんとうに相手の気持ちを受け入れて良いものだろうか」

と思い悩むシーンも見られます。

現代でも女性は、男性選びにとても慎重《しんちょう》ですよね。

「この人は私を大切にしてくれるかしら？」

「浮気しないよね？」

「経済力はどうだろう？」

いつも相手を観察し、よく考えた上で決定する傾向にあります。

それは女性が「左脳的」で、物事を論理的に考えるということも一因として挙げられるようですが、ＤＮＡに組み込まれた太古《たいこ》の記憶によるものとも言われています。

彼に浮気をさせないテクニック

たとえば男性は、その気になれば一生のうちに１００人の子どもをつくることも可能ですが、女性は体の仕組み上、10人前後が上限なのです。そのため女性は、かぎられたチャンスで優秀な遺伝子を残そうとします。しかし男性は、たくさんのチャンスを得て多くの遺伝子を残そうとするのです。

いわば男性が浮気がちなのも、女性が相手選びに慎重なのも、おたがいに「本能」のなせるワザと言えるのです。

では、愛する彼が浮気をしないために、あなたはどうしたらいいのでしょうか。

誰しも恋愛当初は一緒にいるだけで楽しいものですが、悲しいかな、時を経《へ》るごとに最初のドキドキは消え失せてしまいます。しかし、まだホットな関係のうちに自分が彼にとって「なくてはならない存在」になっていれば、かりに他の女性に少し目が向いたとしても、思いとどまってくれるものです。

まずは恋愛初期の段階で、彼にとって精神的に必要な存在になること。でもその前に、その男性にそれだけの価値があるか見極《みきわ》めることも大切ですね。

「鉄と恋は熱いうちに打て」

これが男の浮気を防ぐ最大のコツです。

男は誰にでも浮気心があるといいます。もし、あなたの彼が浮気をしたり心変わりをしそうになったときの対処方法があります。

疑ったり、ケンカをしたりするのではなく「この女には逆らえない」と思わせるのです。

それは**彼を罪悪《ざいあく》感でいっぱいにさせることです。**

彼の帰りが遅かったり、何かおどおどしていたら、そこを突くのではなく、あえて「仕事遅かったね」「お疲れさま」などと言って優しく迎えるのです。

男性は「バレやしないいか」って内心ドキドキしながらも、そうしたあなたの健気《けなげ》な姿を見て心が痛むはずです。

浮気を追及していては、男が逃げていくだけですよ。

彼があなたをほんとうに愛しているならば、必ずあなたの元へ戻ってきます。

浮気予備軍との付き合い方

同棲《どうせい》して2年目になる27歳のOL、順子さん。

ちなみに彼は6歳年上の33歳。

「以前から彼が、私の不在時にアダルトサイトを頻繁《ひんぱん》に見ているようで。外出時や入浴時に、ライブチャットをしていることに気づいていました。ただ、直接会っているわけではないし、男ならこの手のことはみんなやっていることなのかなと目をつぶっていました」

けれど最近、その頻度《ひんど》がエスカレート。特定の女性と個人的にメールをやり取りするようになったのです。あまりにも彼を信用できなくなった順子さんは、携帯やパソコンの履歴《りれき》を見るようになり、いつしかその行為を止められなくなってしまったのです。あるとき、元カノとの浮気が記録されていました。その卑猥《ひわい》なメールのやり取りを見てしまったのです。すぐに話し合いを持ちました。彼は素直に謝り、順子さんも携帯を見たことを謝罪《しゃざい》しました。

しかし疑うことを止められず、彼のプライバシーを覗《のぞ》いてはライブチャットの履歴を見つけ、パスワードを盗んで確認したりなど、どんどん自分の首を絞《し》めています。

そして昨年の秋、個人的なメールのやり取りを目撃してしまったのです。

前回の件があったために、今回も浮気に発展する気がしてなりません。

手紙を残し、2週間ほど家を出ました。

「アダルトサイトを見ることは構《かま》わないけど、チャットや出会い系など、双方向のものはしないでほしい、私は嫌いだ」と言っていたにもかかわらず、順子さんの目を盗んでは繰り返していたこと。それを手紙で責めました。

けれど順子さんは自分自身に対しても、相手のプライバシーを覗いていたという罪悪感が拭《ぬぐ》えず、精神的に追い詰められていたのです。

順子さんが家を飛び出して2週間後、彼から「きみのイヤがることはもうしない。だから戻ってきて」と真剣な謝罪が何度もあり、彼女も「信用しプライバシーを尊重する」と約束したそうです。

その後、しばらくはそのようなことはなかったとのことでした。

ところが数カ月後、彼はまたライブチャットを始めたらしいのです。

「彼のそのような行為も、私が満足させていないからではないか、と悩んでいます。それに履歴をのぞく癖を止められず、ほんとうにうんざりしています。

彼とは結婚を考えており、彼も前向きです。細かいことにこだわらないようにしなくてはと思っていても、履歴を見るたびにひどく心が痛みます。

彼は幼いころから家庭に恵まれない人で、父親が家庭を崩壊《ほうかい》させたことが原因で病気になり、自殺を考えたこともあるそうです。今でもその話をするたびに涙をこぼします。なんとか彼の弱さを受けとめなければ、といった気持ちもありました。

自分が我慢できないのであれば、別れるしかないのでしょうか」

★占った結果は?

ふたりの「命盤」を作って、鑑定してみました。

彼は包容力もあって、基本的にはマジメなタイプです。

そして彼女は、どちらかと言うと口うるさく甘えん坊。

どうやら彼に悪気はないようです。罪悪感が薄いのですね。自分が罪悪感を持っていないので相手の痛みにも、とことん鈍感《どんかん》でいられるのでしょう。

人間的には立派でも、結婚に関しては大事な部分が欠落しています。

確かに、すべての男とは言いませんが、男性には「浮気をしてみたい」という気持ちは少なからずあるものです。ただ、相手を傷つけたくないという配慮《はいりょ》から、自制《じせい》する人が立派な男性になるのです。

裏切られて平気でいられる人はいません。好きならば、なおさらのことです。まして結婚してから同じことが起きれば、ふたりの問題だけでは済みません。子どもがいたりすると、とても悲しい事態になります。

結婚とは、あくまでふたりの幸福が一致することが前提です。どちらかの幸福のために、他方の幸福が犠牲《ぎせい》になるような結婚では意味がありません。

彼のような女好きは、結婚してもそう簡単に治るものではありません。

「恋人としては、最高かもしれない。でも、あなたの結婚相手としては最悪です」

と、はっきり伝えました。その結果を聞いて彼女は、

「占ってもらうことで、私はもしかしたら『そんなこと誰だってするよ。もう少し広い心で受け止めなさい』と言ってもらうことを期待していたのかもしれません。

でも、大切なのは一般的に人がそれをどう捉《とら》えるかということより、自分がどう思うのかですよね。

彼を救えるのは彼自身ですよね。そのサポートができればと感じていましたが、自分の結婚観を見つめ直して、彼と別れることも考えてみます」

と、胸中を吐露していました。

ちょうどこの原稿を書き終えようとしたころ、順子さんからメールが届きました。

彼とはきれいに別れたようです。そして今、新しい恋に心をときめかせているとのこと。

次は失敗しないように、前もって新しい彼の命盤を鑑定してほしいとの依頼《いらい》を受けました。

今度こそ、運命の人だったらいいですね。

男の脳の中をのぞいてみよう

ウソは誰でもつきます。でも、ついて良いウソと悪いウソがありますよね。

ウソのつき方で彼の本性を知る必要があります。そして、見逃《みのが》すべきウソと見逃してはいけないウソを見極めるのです。

まずは、必死に隠しているウソか、呑気《のんき》に構《かま》えているウソか、それを識別《しきべつ》しましょう。

必死にウソをついている場合、それは彼にとって、あなたにどうしても知られたくない出来事なのです。

それはウソがバレたとき、笑い事では済まされないような内容のものということです。

呑気に構えている場合は、ウソをウソだと思っていなかったり、それほど大したことではないと思っているのです。

彼のウソのつき方で、あなたの対応も判断しましょう。

付き合い始めは、誰でもふたりで過ごせるように時間を作ります。けれど付き合いも長くなったり、ダラダラしてくると、男性はふたりで過ごす時間よりも友だちや自分の趣味に時間を掛けるようになります。

そうなったら黄信号です。

ふたりの時間にお金と時間をかけてくれなくなったら、彼はあなたといるより他所《よそ》で過ごした方が楽しいと思っているのです。

早めに彼の気持ちを見極めて、答えを出したほうがよいでしょう。

取り戻すか、そんな関係はやめるかを選択するのです。

一度そういう関係になってしまうと、気持ちを取り戻すにも時間がかかってしまいます。

そうならないためにも、まず男の頭の中を知ることが先決ですね。

女性の眼から見ると「男の人って、どうして女の話をちゃんと聞いてないんだろう」

とか、「なんでフィギュアなんかに夢中になるんだろう」など、根本的に理解できないところがいっぱいありませんか？

でもね、男から見ても女は不思議がいっぱいですよ。「どうしてあんなに長電話できるんだろう」とか、レストランで「メニューを見てさんざん悩んで決めたはずなのに、注文を取りに来たとたん、なぜ違うものを注文するんだろう」とかね。

でも、それは男性と女性の脳の作りや働きが違うからなんです。

最近では、解剖学的《かいぼうがく》にも脳科学的にも明らかになってきているんですよ。

人間の脳は左脳と右脳に分かれており、それぞれ役割が違います。

左脳は「言語」を司り、論理的な思考を行います。そして右脳は「視覚」を司り、解析能力《かいせきのうりょく》に優れ、直感的な判断を行います。

そして、この左右の脳をつないでいるのが「脳梁《のうりょう》」と呼ばれる部分です。

ここで左右の脳からの情報を相互に交換しています。

左脳は冷静なデジタル型で、右脳はロマンあふれるアナログ型って感じですね。その両方からの情報を脳梁によって行ったり来たりさせているのです。

男性と女性の脳は、解剖学的に見て大きく2つの違いがあります。

まず1つ目は、

「女性は左右の脳がほぼ同じ大きさであるのに対し、男性は右脳のほうが大きい」という点です。

これに基づいて考えると、「女性はなぜレストランでのメニュー選びに時間がかかるのか」というのも理解できます。

女性は左脳的なため、物事を論理的に分析して考えるからなんです。

ですから、

「昨日のランチはパスタを食べたから、今日は和食がいいな。でも待てよ。この店は、パンが美味しいので有名なんだっけ。でも、カロリーが高いから2日も続けて洋食だと太っちゃうかな」

なんて、メニューを見ながら頭の中はグルグルと思考を巡らせているのです。

しかし男性は右脳的なため、直感力に優れています。だから、メニュー選びも一発で決定する人が多いんです。

では「男性が女性の話を聞いていない」という点は、どのように理解できるのでしょうか？

じつは、これが2つ目の理由なんです。それは左右の脳をつなぐ脳梁が、男より女のほうが太いということに関係があるのです。

左右の脳は脳梁によって結ばれ、これによって情報交換が行われています。つまりこの脳梁が太いということは、それだけ多くの情報を瞬時《しゅんじ》に処理できるということなのです。そのため**男性の脳は、多くの情報を処理しづらい反面、1つのことに集中しやすい傾向にあります。**

女性はテレビを見ながらでも平気でおしゃべりができますが、男性はそれが苦手です。だから、男性が何かを考えているときに話しかけると「ちゃんと私の話を聞いてるの？」という状況が起こってしまうのです。

聞いていないのではなく、いろんなことを同時に処理するのが不得意なだけなんですね。

女性は、見たり聞いたりした情報の多くをスムーズに処理し、言葉として吐《は》き出すことが得意。だから女ばかり集まると、おしゃべりが止まらないんです。

男性がフィギュアやメカに夢中になってしまうのも、女性がテレビを観ながら長電話できるのも、それぞれの脳の特性が関連しているのです。

まず彼とあなたとの根本的な違いを知ってください。そうすれば彼のウソも見抜けますし、彼と対決することなく、あなたの掌《てのひら》の上で上手く転がってくれますよ。

信じていた彼が、じつは浮気していた

とても品がよくて、性格もおとなしい祐子さん。今どきめずらしい箱入り娘の26歳。なかなか美人の彼女が相談に来たのは、10年も連れ添った彼と別れるべきかどうか、とても迷っていたからでした。

彼は高校の先輩。10年前に告白されて、それ以来、他の男性とデートどころか、ふたりっきりになることさえないほど彼だけを見つめてきたのです。男性経験も彼だけで、結婚の約束までしていました。

しかし、その彼がじつは浮気していたというのです。しかもすでに2年になるらしく、よくその間バレなかったなと妙《みょう》なところで感心してしまったほどです。

祐子さんは「一生のうちで男性経験は旦那さまのみ」という古風な理想を持っていました。来年に結婚を約束していたにもかかわらず、信じていた彼が浮気をしていたので、その絶望感《ぜつぼうかん》はとても深いものでした。

彼は1つ年上なので、今27歳ですね。写真をみせてもらったらイケメンなんですよ、かなりね。あなたはどう思いますか。祐子さんには申し訳ないですが、彼が祐子さんしか女性を知らないなんてこと、絶対にあり得ない話です。

でも祐子さんは、彼のことを心底《しんそこ》信じていたので、よもや他の女性と関係を持っているなんて夢にも思っていなかったようです。

10年という月日がたち、結婚を目前にして彼は自分から白状しました。

「2年も前から浮気をしていた。でもその相手ときっぱり別れるから安心して」

なぜ彼は、ウソをつき通さなかったんでしょう。

ケジメをつけるためですかね。だったらいいんですが、ぼくには、もうちょっと深い訳があるように感じました。

「私は絶対に浮気なんかしない。だから、あなたも浮気なんて許さない」

多くの女性がそう思っています。**だから男は、「おまえだけを愛してる。オレは絶対に浮気なんかしない」と宣言します。たとえウソであっても、その言葉が力強ければ、彼女は安心してくれると知っているからです。**

★占った結果は？

祐子さんの「命盤」には、たいへん興味深い星の配置《はいち》をみることができました。ロマンチックな星が「命宮」に輝いていて、その周りを美貌の星と潔癖《けっぺき》な星が守護しているのです。

そしてここが重要なのですが、「前世」を示す宮（部屋）に、「貪狼」という好色の星が鈍く光っており、そこに「天空」という問題の星がいたのです。

彼女は前世において、とても色欲《しきよく》が旺盛《おうせい》だったようです。それが原因で人間関係や性病などに悩まされ、そして仏門に入ったのかもしれません。「天空」とは、じつは虚の星であり、見方によっては宗教の星とも判断する場合があります。

ゆえに祐子さんは、短い生涯を苦悶《くもん》のうちに終えて、その教訓《きょうくん》を踏まえて生まれ変わったと見て取れました。

潔癖で純粋な愛のありかたを追求するために、彼女は生まれてきたのです。そして彼は、祐子さんの生涯のテーマの基本をなす、とても大事な役割をしたのです。もう彼の役目は十分に果たしたと考えられます。

確かに彼は、心の中では祐子さんをいちばん愛しているでしょう。それは、まぎれもない事実です。しかし祐子さんは、いったん浮気をした相手、しかも2年間もウソをつき通していた男性を、再び受け入れることはないでしょう。

ぼくは彼女に言いました。

「イケメンはやめときなさい。多少ブサイクでもいいから、ほんとに君のことだけを愛してくれる男を見つけようね。彼のことは、あなたにとってかけがえのない愛の序章《じょしょう》だったんだよ。あなたは男が欲しいんじゃない。結婚してしあわせな家庭が築きたいんでしょ。だったら、モテる男は絶対にダメです」

男女の性質の違いを知ること

日本の神話を読んだことがありますか？

『古事記《こじき》』や『日本書紀《にほんしょき》』などに登場するアマテラスという神さまがいます。定説では女性の神さまとして、豊かな母性と慈愛《じあい》に満ちた太陽神とされています。そして弟には、スサノオという気性の荒い神さまがいました。

あるとき姉のアマテラスは、弟の目に余る傍若無人《ぼうじゃくぶじん》な振る舞いに業《ごう》を煮やし、天岩戸《あまのいわと》に身を隠してしまいます。太陽神が消えた世の中は、暗黒《あんこく》の闇《やみ》に包まれました。

そこで八百万《やおよろず》の神々たちは、「何とかお出ましいただこう」と、岩戸の前で華やかに舞い踊り、高らかに笑い合いました。

外の楽しげな様子が気になったアマテラスが、思わずそっと岩戸を開けて垣間見《かいまみ》たその瞬間、神々はアマテラスを連れ出すことに成功します。

そして無事、元の明るい世界に戻った、というお話です。

この岩戸神話では、姉のアマテラスが弟のスサノオの暴挙《ぼうきょ》に腹を立てて身を隠してしまいますね。しかし、これを現代に置き換えると、男女間でありがちなシチュエーションだと思いませんか？

明るくて働き者の女性が、飲んだくれてギャンブルばかりしている夫に我慢できなくなり、実家に戻ってしまう。そんな設定はドラマだけでなく、実話でもよくあるものです。

この神話には、そんな男女の性質の違いがよく描かれています。

まず1つは、男性が持つ攻撃性《こうげきせい》ですね。

スサノオは傍若無人に振る舞いますが、男性には本来「優劣《ゆうれつ》をつけたい」とか「勝ち負けをはっきりさせたい」という強い欲求があります。

これは遺伝子に組み込まれた記憶と、男性ホルモンの刺激によるものだと言われています。

他人に勝ちたいと思えば、危険を冒《おか》すことも多いもの。そのときに感じるスリルを、喜びと感じる男性も少なくありません。

しかし女性は、スリルよりも平和や安定を求めます。

この神話でもアマテラスは、母性と慈愛に満ちた神として描かれています。女性が、スリルよりも平和や安定を求めるのは「子どもを産んで、家庭を守る」という社会的役割が長かったためとも考えられます。

そして2つ目は、女性が持っている多様な好奇心です。

男性は脳の一部を徹底《てってい》的に使い、1つのことにのめり込む傾向が強いと、先に説明しました。それに対し、女性は左右の脳をまんべんなく使い、さまざまなことに広く浅く興味を向けます。

裏を返せば女性のほうが、熱しやすく冷《さ》めやすいといえるかもしれません。

たとえば、こんな経験はありませんか？

夫婦ゲンカをしているところへ、奥さんの友人から電話があります。

さっきまで、「なんでアナタは、わかってくれないの！」と泣きながら抗議していた奥さんが、数分後には友人と行く旅行の話題で盛り上がってしまった、なんてこと。

岩戸神話の中では、怒り心頭だったはずのアマテラスが、外の賑《にぎ》わいが気にかかり、うっかり岩戸を開けてしまいます。これも、女性が持つ多様な好奇心のためなのです。どんなに仲良しでも男と女は、ついケンカをしてしまいますが、それはお互いの価値観の相違からです。

喧嘩しないために男性は、女性が興味を持つことへ、うまく関心を向けることが求められます。それができる男性をぜひ探してください。

好きな食べ物や洋服、旅行など、**女性が好きなものへと話の矛先を変えていくことが得意な彼を持ったら、きっとあなたはしあわせになれるはずです。ただし、その前に男性の言い分にはしっかりと耳を傾けること。**これを忘れてはいけませんよ。

あなたの笑顔がさわやかで、いつも楽しく振る舞っていたら、彼は浮気なんてできませんよ。

知らない女性との同棲を隠していた彼

彼とは友だちの紹介で知り合って、付き合い出してもう4年になろうとしている綾子《あやこ》さん(24歳)からの相談。

ある時、忘れ物を届けに彼の家に行くと、知らない女性がいました。

なんと彼には、綾子さんと付き合う前から同棲している女性がいたのです。

しかも、その女性とは面識《めんしき》がないのに彼女の方は、まるで綾子さんのことをよく知っているかのように笑顔で受け入れ、それがかえって虚《むな》しい気持ちを誘ってしまいました。

その女性からすると、綾子さんは彼の友だちの一人と認識しているようです。

翌日、その件について彼と話し合うことにしました。

でも彼は、ただ謝《あやま》るだけ。

「結局、彼に遊ばれていただけなんだろう……と思って、私から別れるように自然と会わない口実をつくりました」

すると一週間ほどして、彼の職場の同僚から連絡がありました。

その人は男性で、かりに山田さんとしておきましょう。

山田さんの話は、こんな内容です。

同棲している女性と彼は、同じ職場の同僚。仕事するときも帰るときも、いつも一緒なので山田さんも、はじめ綾子さんの存在を知らされたときは、ちょっと驚いたそうです。

けれど彼は、出会ったころから山田さんに自分の本心を話していたらしく、同棲している女性とではなく、綾子さんと本気で結婚したいと言っていたのです。

「でも、これっておかしくないですか。だって、彼には長年同棲している女性がいるのですよ。なのに、どうして私と結婚したいだなんて。同棲している女性とは、なぜ結婚を考えないのでしょうか。なにか、お互いに結婚できない事情でもあるのでしょうか。

同棲と結婚って籍を入れてるか、そうでないかの違いで、関係は同じみたいに思っているのは私だけでしょうか。

私と彼とは職場が一緒じゃないから、わからないことがあり過ぎてつらいです。いろいろ考えてはいるのですが、彼のことが理解できない。たとえ私と結婚しても、同棲している女性ともこれからも付き合っていくと思うのです。

それを受け入れるほど私は寛大な性格ではありません」

彼と自然に別れてから1年が過ぎました。

綾子さんは気持ちを吹っ切りたくて、自分から積極的にいろいろな場所に出かけ、それなりに恋もしました。

彼女のことを大事にしてくれた男性もいましたが、前のように恋ができなくなっていました。

いまひとつ本気で人を好きになれなくなってしまったようです。

「やっぱり彼が良かったのかな。でも……」と毎日、煩悶してしまうのです。

そして最近、なんだか妙な感情にとらわれるようになったといいます。

街角で仲良く歩いているカップルを見かけると、気分が悪くなって、めまいがしたり、ひどいときにはその場で動けなくなってしまうことを何度も体験しました。

「ただでさえ私は優柔不断《ゆうじゅうふだん》な性格なんです。なのに彼は、同棲を隠していることを謝っただけ。私のしあわせなんて考えてくれていない。それなのに結婚したいだなんて信じられない」

冷静に考えても、そんな彼の価値観が許せないのです。

しかし悲しいことに彼女の心の中には、まだ彼を好きな気持ちが残っています。

どうして、そう思うのでしょうか。

それは、彼と出会ったころの綾子さんの状況に問題があったようです。

その頃の彼女は、ちょうど両親が離婚することで揉《も》めていたり、また働いていた会社が急に倒産してしまったりで、落ち着かない状態だったのです。

転職したくても見合った職場が見当たらず、バイトでつないでいたため、収入を確保するためにシフトを入れ過ぎて、無理のし過ぎで倒れてしまうという始末。

バイトを辞《や》めて入院するほど。

精神的にも体力的にも、そうとうまいっている時期でした。

そういうときに出会った彼は、とても優しくて、自分を救ってくれた王子様のように感じてしまったのです。

しかも彼は、本気で結婚まで考えてくれた。なのに……。

「この人と結婚しても、たぶんしあわせになれないのでは」

そう思ったからこそ、自然なかたちで別れを選んだのです。

彼の友人の話では、まだ綾子さんのことを慕《した》っているそうです。

「でも時間が経てば経つほど、私の選択はまちがってないと思うようになりました。しかし、これからの自分のためにも今、私が克服《こくふく》したいのは、しあわせそうなカップルを見かけると発作《ほっさ》のようになってしまうことです。どうすれば治《なお》るのか。薬があったら欲しいくらいです」

ぼくは綾子さんの相談をじっくり聞いて、そして穏やかな口調で言いました。

「別れて正解だと思う。たとえ彼が同棲していた女性の何十倍も、あなたのことを愛していたとしてもね。

あなたが選んだ道、つまり今は一人で生きていくという選択は、自分自身の近い将来のためなんです。それをいつも胸に刻んでおく必要があるんだよ。

寂しさにくじけそうになったり、昔優しくしてくれた情に流されそうになったとき、『いや、ダメダメ！　彼から卒業して、しあわせな道を歩くと決めたんだから』と自分に語りかけること。

心が後ずさりしたら、また別れた直後の悲しみの迷宮《めいきゅう》に入り込んでしまうから、しっかり前を向いて歩かなくちゃ。

はっきりいって、あなたの選択はまちがっていない。

ただし、あなたが今抱《かか》えている発作ね。それは、あなたが強くなるための試練なんだよ。それを治す薬なんてどこにもない。あなた自身が持っているんだけど、その薬をどのケースにしまったのか見つけられない状態なんです。旅に出ましょう。あなたを後押しする場所と時期を教えますよ」

そういって、彼女の気持ちを強くするための処方箋《しょほうせん》を提示しました。はじめは乗り気じゃなかった綾子さんでしたが、なんとか励まして前向きに生きていく決心をしてくれました。

その後、ぼくのアドバイスどおりに小旅行に出かけた綾子さんは、「まだ完全ではありませんが、なんだか吹っ切れた気がします。あれから発作も出ていません。またお礼に伺《うかが》います」

というメールをくれました。

ぼくは占い師という立場なので、彼女を完全にサポートすることはできないかもしれません。でも、彼女のような深い傷を負った人の話を聞いてあげて、命盤に裏付けされた「宿命」を教えて差し上げるだけで、わりと納得することが多いのも事実なのです。

羅針盤《らしんばん》を手に入れたあとは、行くべき道がなんとなく見えてきますから、自分自身で歩んでいけるようになるものです。

決して許されない婚約者の裏切り行為

歯科衛生士《しかえいせいし》の英里さん。

4年前に今の職場に異動してすぐ、6歳年上の上司《じょうし》から告白されました。

はじめは異動したばかりで、からかってるのかと内心疑っていたようですが、相手がしつこくアタックしてくるので付き合うことになり、少しずつ好意を持つようになりました。

昨年の春、

「そろそろ結婚を考えないか？」

と軽くプロポーズされ、お互いの両親にも会い新居も決めて、来年の夏に式を挙げるまで段取りがつきました。

ところが、ある日曜日。

ふたりで新居の家具などを探したりしながらのデート中のこと。

彼の家に空き巣が入ったから、すぐ帰るように携帯から連絡があったのです。

「一人暮らしのはずなのに、管理人さんからの連絡かな？」

と英里さんは思いました。

彼はとても動揺《どうよう》し、顔色が変わっていくのです。

「ごめん。今、警察が来てるみたいで、すぐに帰らないといけないけど。あとで連絡するから。夕飯はどこかふたりで食べよう」

と帰って行きました。

しかしその日、待てども連絡はありません。

「警察が来て、ごたごたしてるのかな？」

心配した英里さんは、夜の10時を過ぎてはいましたが、食事を持って彼の家に行ってみました。

彼は今まで、英里さんの家には車で送ってくれましたが、英里さん自身は彼の家には一度も入ったことがなく、車中からちらっと見ただけでした。

突然の訪問でしたが、思い切って彼の家のチャイムを押しました。

すると中から出て来たのは、どこか見覚えのある女性なんです。女性はバスローブを着ていて、お風呂上がりのような状態でした。

何が起こっているのか、理解できませんでした。

彼はとっさに隠れました。

その女性は、微笑みながら、

「彼とは、あなたが知り合う前からの仲なのよ。でも付き合ってるわけじゃないから。結婚するんだってね、彼をよろしくね」

あっさりとした感じでした。

英里さんは、その場にいられず走って逃げ出しました。

空き巣のことは彼のウソだったんです。

帰り際、何気なく彼のポストを見たら、ふたりの名前が書かれていました。

そうなんです。その女性と同棲していたのです。

「だから今まで、私を部屋に入れてくれなかったのか……」

自分の家までどうやって帰ってきたか、記憶がないくらいショックでした。

一夜明け、仕事は風邪《かぜ》を理由に休んでしまいました。


この事件があった約2週間後に、英里さんから相談を受けました。

彼は、なんだかんだ理由をつけて謝ってきたらしいですが、英里さんは精神的に病んでしまって、とても正しい判断ができない状態でした。

占う以前の問題ですね。常識的に考えて、こんな彼とは別れたほうがいいと思います。

婚約者を裏切るのは不法行為ですから、訴えれば慰謝料も請求できます。しかし彼女は、そんな一般論や正論を聞きたいのではありません。その程度のアドバイスは、さんざん聞かされているはずですから。あくまでも「占い師」が示した答えを聞きにこられたわけです。

だから、まずぼくは、彼女と彼との関係性について複数の占術を使って探《さぐ》ってみました。そして、その上で「易」をたててみたのです。

易をたてる場合、必ず3つ、もしくは4つの質問事項を用意します。

この場合、

A　結婚したらどうなるか

B　別れてよいか

C　今後の方針

となります。

答えとしては、

A　結婚した場合……

やはり早い段階ですれ違いがおこりますね。

それに彼はとても浮気性で、たくさん愛人をつくりそうです。経済的にも恵まれ精力も旺盛です。あなたは彼のタイプの女性だったんですが、残念ながらあなただけでは性的に満足できないようです。

B　別れるべきか……

彼は、やはりあなたが好きなようです。だから本心は別れたくはない。

あなたも彼が好き。だけど彼の性格は変わりませんよ。もちろん、あなたがそれに耐えられるはずはないですしね。かなりの頻度で振り回されます。

妊娠した時点で、浮気する可能性大ですね。

C　今後の対応策……

あなたの親と彼の親に、同棲相手がいた事実と、その同棲していた女性の言葉をそのまま伝えることです。

「結婚前で良かったですよ。慰謝料を請求しても差《さ》し支《つか》えありません。

もちろん、あなたがしたくなければしなくてよいですが、そうすることで、あなた自身を守ることができます。

どちらにしても、あなたに社会的な問題は起きません。逆に同情してもらえて、仲間も増えますよ。

そして職場に居座《いすわ》りましょうね。仕事を変える必要もありませんよ。

これは失恋ではありません。彼の性癖に結婚前に気がついたのは、ほんとうによかったと思います。あなたは運が強いですね」

以上のように順を追って丁寧に伝えました。はじめは涙ぐんで声も震えがちだった英里さんも、わずか90分の間でまったく別人のように明るい笑顔に変わりました。

「今日のことは、ほんとうに良い経験になりました。しばらく恋愛から離れて、そして前向きに生きます」

彼女にとって、自己を見直す大切な時期だったのですね。もし英里さんが、ぼくのところへ来て命盤を作っていなかったら、おそらくもっと悩むことになったでしょう。

彼の浮気性に対して、あなたができること

彼と付き合って半年になる24歳の夏美さん。

もともとお互い一人暮らしで、いつからか彼女の部屋に転がり込んで同棲するようになりました。

一日の大半は彼と一緒。

でも、その彼は少し浮気性なんです。

「浮気はバレなかったらいいみたいな感覚のようで、元カノと付き合っていたときも何人かと浮気をしたと話していました。私と付き合ってからも一度、元カノと浮気してました。

別れようとも思ったけど、大好きなので別れられず、もう元カノと会わない、連絡を取らないという条件で許しました。

それからは浮気というほどのことはしていないですが、ウソをついて女の子とふたりで飲んでいたり、女の家に行ってたり」

彼女は、もとはサバサバしたタイプだったのですが、一度浮気されてから彼のことが信じれなくなってしまい、一緒にいないと浮気してるんじゃないかと思うようになったのです。

それでも生活の中では、彼が優先順位のいちばん。友だちといても、何をしてても「彼は今、何してるんだろう」と考えてるんですよね。

完璧に、彼に依存してしまっているようです。


「彼と付き合う前は、バイトもがんばっていました。

バイトのない日は友だちと遊んだり、サークルで飲んだり、いろんなことに積極的だったのに、今の自分はダメダメです。

一緒にいないと不安だなんて、先を見たら続かないし、付き合ってるのはホントしあわせだけど……、でも失ったものもいっぱいある気がして。

こうやって今のままじゃダメってわかってるけど、実際は行動に移せず、彼氏《かれ》離《ばな》れできません。

もっと自立《じりつ》しなくちゃですよね。でも、やっぱり一緒にいないときの浮気が心配で。

どうしたら彼を信じられるんでしょうか？」


今の夏美さんにとって、彼は大事かもしれない。

でも、それは彼のことを大切に思っているというより、彼がいる現実から離れられないだけなんです。

「これからも浮気は続きますよ。浮気性は直りませんから、期待しないことです。今のあなたは彼に依存してる様子ですし、彼によって、あなたの良い面が奪われているように感じますよ。

見切りをつけた方が今後のあなたにとっては正しい選択ですが、残念ながらあなたは彼に依存しているので、別れるつもりはないでしょ？」

「そうなんです。浮気性は治らない。それがわかっていて、でも、やっぱり離れられないんですよね。私が今、フリーターという自由で時間のある立場ってのもあると思うんですけど、もっと自立したいんですが。とりあえず今は別れる気はないんです」

浮気性は決して治らない。それがわかっていても、今は一緒にいたいんですよね。

その気持ちわかります。

ぼくのところに来る相談者は、そういった女性が多いのです。

大好きな彼に浮気をされた。

たくさん泣いてボロボロになるんだけど、どうしても別れられなくて。

出かけると言われれば……、どこに？　誰と行くの？　自分と一緒じゃない時間は、いったい何をしてるの？

一日中、彼のことばかり考えてしまうんですよね。まるで精神的なストーカーって感じで。

けど、自分の気持ちを彼に疑われるのはイヤ。彼に嫌われたくない。

そう思ってるうちは、周りが何を言ってもダメなんですよね。

たくさん傷つくことがこれからもあるでしょう。


「ぼくはね、あなたが納得するまで一緒にいたら良いと思います。

男って自分の浮気は棚《たな》にあげて、彼女の浮気は許さないって勝手なやつが多いです。

そんなバカな彼のことを好きになったのは、男を見る目がないからなんですよ。

だから、のめり込んで、とことん男の腐《くさ》った部分を知って、そして素敵な男性を見抜く眼を養《やしな》ってください」

「なんかすごく納得しました。おっしゃるように、このままの気持ちだと絶対続かないと思うし、なにか自分が変われたらいいです。私の気持ちをわかっていただいて、すごく嬉しかったです。

共感できました。好きなうちは別れられないですよね。もう裏切られないのを願って、きっといい女になります！」

浮気をされて凹《へこ》んでしまう。

浮気をされてることで、自分に自信が持てない。するとドンドン可愛くない女になっていく。

自分に自信を持つことは、とても自分のためになります。

私の知らないところで彼は何をしてるかわからない。そんなことを考えると、きりがないんです。

けど、**自分に自信を持つことができたら『浮気なんかして、バカな男だなぁ〜。逃がした獲物は大きいんだぞ』って思えます。**

嫌いになるんじゃなくて、彼はそういう男なんだからって理解すること。

そのうち自分の気持ちの中で、何かが見えてくると思います。

やっぱり、あなたの気持ち次第だと思うのです。

浮気をする彼だけど、そんな彼にだって素敵なところがあるから、その人に依存するほど好きなんですよね。

あなたにとっては、彼がすべてなんでしょう。

それなら、今のあなたはどうしたいのですか？

つらいけど、彼と離れて何か別のことをしたいのか。それとも、浮気をする彼でも自分は一緒にいたいのか。

どっちの気持ちが強いのか、もう少し自分を見つめながら考えてみてはどうでしょう。

「どっちが良くなるのか」

ではなく、

「どっちを望んでいるのか」

なんです。

どちらの結果を出しても、最初はつらいです。

でも、どちらの結果を出しても、あなたなら最終的に良い結果になりますよ。

まず彼への依存を軽くするために、あなたのしたいことを見つけて行きましょう。

コラム③ ★大事なことは知りたいときに占うこと

台湾でもっとも人気のある紫微斗数。これは『命術』といって、その人の運勢を明らかにする占いです。ところが紫微斗数には『卜術』としての側面もあるのです。産まれた生年月日ではなく、その人が悩み相談に訪れた日時をもとに『命盤』を作製するのです。これは、いわゆるシンクロニシティ（共時性）がおりなす技で、とてもミステリアスです。西洋占星術では「ホラリー法」と呼んでいますので、「紫微ホラリー法」と言ってもまちがいないと思います。

人間は悩まないと脳が低下する生き物。だから、迷ったときは素直に悩んだらいいのです。恋愛も仕事も、すべて魂の修行のためにあるわけですから。その悩みをどうこうしようとして研究したり努力したりしますよね。その結果、成長するわけです。ただし、悩みはいつか解決するために必要なこと。それをズルズルひきずっていたら精神的にも良くない。だから占いを活用するのです。

ホラリー法の特徴は、目先のことは当たるが、遠い将来のことは当たらない点です。ですから、大事なのは、知りたいときに占うこと。「この悩みを解決したい！」という強い願望が、より当たる占いを生むのです。さらに踏み込んで言うと、占いは『生きる指針の運命予報』なのです。それはまったく天気予報と同じ。雨が降るから出かけるのをやめよう……じゃなくて、傘を持って出かければ問題が解決します。結婚にたとえていうならば、不幸な結婚もあれば、しあわせな離婚もあったりしますよね。かりに不倫だとしても、人生の甘美を得られて、最終的にお互いが真にしあわせになれるのなら、それは意味のあることだと思いませんか？　人生のシナリオの中で、チャンスの年齢は５年に一度は最低でもあります。成功するためにやるべき年で実行し、待つべき年では、じっくり準備すればいいわけです。誰もがうらやむ生活を送っている人は、みんな節目とか転機で物事を起こしています。もちろん、それは偶然かもしれません。もともと直感力が並外れて優れていれば、占いは必要ないかもしれませんね。でも、恋愛のことについては相手が介在します。

あの人は今、悩んでいるときなのか。それとも順調なのか。かりに順調なら、いつごろ失敗し、支えを欲しがる時期になるのか。それを知るだけでも、恋のチャンスはグッと身近なものとなります。そのチャンスの瞬間を明らかにする、それが占星術です。

第4章 浮気と不倫からサヨナラする方法

男性とくらべて女性は、さほど浮気願望が強いわけではありません。特定の彼がいて、それでも他の男性を探しているような女性は、かなり稀ですよね。

でも、まったく浮気願望がないわけでもないのですよ。男が浮気をしたがるのは本能によるものですが、女性の場合、彼とうまくいっていないときの憂《う》さ晴らしが多いのではないでしょうか。

本来は浮気なんてしないという自信があったのに、ときにを犯してしまうのも人間の性《さが》。男性の場合は「いい想い出」で済みますが、「あぁ、なんであんなことしたんだろう……」と後悔するのも女性ならでは。

でもそれらの体験は、すべてなんらかの意味があるのです。

浮気で妊娠しちゃった女の子

22歳の萌絵さんから受けた、ちょっと困った相談です。

彼女には結婚を約束した彼がいるのですが、違う男性と浮気をしてしまい、その人の赤ちゃんを妊娠してしまったのです。

「私は、結婚を約束した彼より、浮気相手の男性のほうに気持ちが傾いていて、妊娠がわかったとき、すべてを捨てて産もうと決めました。しかし、しょせん浮気なのでしょう。その男性に『中絶してくれ』と言われてしまったんです。でも、こんな形で結婚しても、うまくいくとは思えません。今、揺れています。どうしたらよいでしょうか。誰にも相談できなくて困っています」

浮気の相手には、他に真剣に付き合っている彼女がいたのです。彼もまた、萌絵さんが浮気相手だったのですね。いろいろ考えた末、「今の彼女が大事だから、中絶してもらいたい」と判断したとのこと。

けれど、萌絵さんがあまりにしつこく産みたいと言ったため、仕方なく産むことは了解してくれたようです。

萌絵さんのお父さんは数年前に病気で他界され、お母さんも精神的に疲労気味。家族に心配はかけられないんですね。親にさえ相談ができない。

こんなとき、どうすればいいのでしょう。

もし、ぼくが星読み師ではなく一人の人間としてアドバイスするのであれば、

「独りでも産んで育てようと考えたことはありますか？　子育ては大変だけど、かけがえのない人生勉強になります。

彼は、あなたの子どもに対する責任を、どこまで考えているのでしょう？

将来の自分の保身を考えて中絶しますか？　中絶をすることで、あなたの体が傷つく可能性があるし、それに一生のトラウマになることを、きちんと知って結論を出してください。

産む、産まない、どちらにしろあなたのお腹にいる赤ちゃんのことを、いちばんに考えるべき。生まれてきてからの生活、そして家庭環境など、たくさん問題や苦労がうまれると思います。

人の親になるのって大変なことです。ただ『好きだから産みたい』だけでは、この先、生まれてきた赤ちゃんはもちろん、あなた自身もつらくて苦労しますよ」

この程度しか言ってあげられないでしょう。

しかし、ぼくは星読み師です。いつものように、まず紫微斗数で「命盤」を作成して、現実的に萌絵さんと赤ちゃんがしあわせになる運命を、導き出してあげることができました。

産んで独りで育てることができるか、かりに産んだとして後悔しないか。ちゃんと育てられなくなって子どもに当たったり、もしくは自殺を考えるようになったりしないか。そんな気持ちに苦しむ彼女を救うことができたのです。

★占った結果は?

ぼくは、よほどのことがないかぎり断定はしません。しかし萌絵さんの「命盤」には、ちゃんと今の困難が記され、そして将来の安定が約束されていたのです。

「はっきり言って、あなたは産むべきだと思います。

結婚しなくてもシングルマザーでいいと思います。それを選択し努力することで、あなたにしかできない発見もあります。

女性に生まれたっていうことは、赤ちゃんを産み育てることが許された特別な存在ですから、男にはできない特権なのです。あなたにはお父さんがいない。お母さんも病弱で、子どもの面倒はたった一人で見ていかなくてはいけない。とても不安ですよね。

でも、この子との関係が、過去世からの強い因縁《いんねん》で結ばれていることが明確なんです。

周囲には頼れる人も多いですね。友だちを頼るといい。周りの人に、どんどん甘えるべきです。そして、その浮気相手の彼には、きちんと責任を取ってもらえるように約束を取り付けましょう。それも、あなた独りで背負《せお》うのでなく、共通の友人がいるでしょう。その人の中で、信用できる人に間に入ってもらってください。

それに浮気相手の彼に対する気持ちは、決して一時的なものじゃない。何らかの関わりが、魂のレベルであったに違いないんです。

おなかにいる赤ちゃんは、あなたと、そして彼との子として産まれることを望んでいます。たとえ婚姻関係になくても、その気持ちに変わりありません。それだけ強い関係があるようです。

それに、その子はとても自立心が強く、7歳ですでにあなたを支《ささ》えてくれる存在になります。7年後といっても、まだ29歳でしょ。第2、第3の人生を歩むには十分過ぎるくらい若い年齢です。

子どもがいると再婚も難しいと考えているようですが、そんなことは決してないのです。誠実な男性は相手を心から愛していれば、バツイチだろうが子どもがいようが、まったく問題ないのです。そういう価値観の男性は意外といると思いますよ。

まったく問題なく、あなたは素晴らしいお母さんになります」

異性とのトラブルはイイ女の条件

人は誰でも、一度や二度の過《あやま》ちを犯してしまうものです。だけど、それが自分の一生を棒に振ってしまうものでないかぎり、長い人生の教訓として必要な経験だということはまちがいありません。

ぼくは、この萌絵さんにかぎらず、若くして人生のピンチに立たされた女性を何人も知っています。でも彼女たちは、波乱万丈《はらんばんじょう》の人生を乗り切って、今ではとても個性的な、魅力のある大人の女性に成長しています。

ほんとうに輝いている女性は、「私ってモテない女なの」と卑下することなく、「その気になったら、いつだってイイ男と巡り会えるわ」と余裕をかましているはずです。

顔が可愛くても性格的に内気なせいで、悪い男に騙されるスキをあたえてしまうかもしれません。

だから、どれだけ美しく着飾っていたり可愛く化粧していたとしても、精神的に余裕を持たなければ悪い男の餌食になってしまうんです。悲劇は、そこから始まりますよね。

オーラをもっている女性に悪い男は近づけません。でも外見の美しさばかり気にして、意外に強いオーラを放っていない女性はちょっと危険なんですね。

ぼくの友人にシングルマザーでがんばっている女性がいますが、周りに助けられて、とても前向きに生きています。何しろ声のトーンが明るいのです。彼女のその明るい声を聞くと、どうしても助けたくなってしまうんですね。

ぼくは、ときどき「女性のオーラって、もしかすると声のトーンなんじゃないか」と思うことがあります。

じつは萌絵さんも、彼女にとっては悲劇ともとれる妊娠だったにもかかわらず、なぜだか彼女の声のトーンに明るさを感じたのです。女性の明るい声や振る舞いは、男性たちに「けなげさ」を感じさせます。

だから現実的に、その女性が苦しい立場にあればあるほど「何とかしてあげたい」という気持ちにかられやすくなるのです。

もしあなたが、「どうして男運がないんだろう」と悩んでいるのなら、ちょっとこの点について振り返ってみてください。

友だちに相談するとき、ため息ばかりついていませんか。

伏し目がちで、蚊《か》が鳴くような声で自分の不幸さを訴えたりしていませんか。

それでは相手の心に同情こそ植えつけることはあれども、心から「何とかしてあげなくては」と思ってもらえることはありませんよ。

異性とのトラブルは必ずあなたを強くします。その強さは「たくましさ」ではなく「けなげさ」だと思います。その経験が多いほど、あなたのオーラは輝きを増すはずです。

そして、いつかきっと夢のような出会いを体験するのです。

遠距離恋愛中、でも気になる人が現れた

都内のデパートでアパレルの販売員をしている29歳の靖子さん。

「私には10歳年上の彼氏がいます。付き合って2年目になりますが、1年前から転勤のため電車で2時間以上かかるところに引っ越しました。会うのは週1回。仕事が忙しくてメールもくれません。電話は夜中3時頃なので、寝ていて出られなかったりします」

彼の仕事の都合で、遠距離《えんきょり》恋愛になってしまったのですね。

ところが……。

「最近、職場に気になる人ができました。その男性は同い年なんですが、私の部署に転属してきて。歓迎会《かんげいかい》のときにいろいろ話をしているうちに、自分で好きになっていくのがわかったんです。でも、私にもその男性にも恋人がいます。

その後、ふたりきりで会うことになり、そのまま彼の家に泊まってしまいました。キスだけだったんですが、浮気ですよね。でも、本気で好きになってしまってるみたいで。ただ彼のほうは何とも思っていない感じなんです。

遊びというか、面白半分だったのだろうと思います。

すごくつらいんです。今の彼とも別れたくないのですが、その男性とも職場が一緒なので会わないわけにはいかないし」

浮気であることは事実でしょうが、彼と会えない寂しい気持ちが、新しい男性に向かせてしまったのでしょう。男と女が集れば職場だろうがサークルだろうが、そういうシチュエーションに陥りやすいものです。

ただし、**寂しさを埋めるだけの恋愛ならやめた方が無難でしょう。**

「寂しさを埋めるだけの恋なのかどうか、それがわからないんです。

その男性とメールはしたいのですが、彼女がいるので気になって送れません。たぶん、このまま終わってしまうのだと……。

今のままでは、彼氏とも終わってしまうような気がします。彼よりも、その男性を好きな気持ちがやっぱり強いように感じるんです。ふたりとも切るほうがいいんじゃないかと思い始めて、とてもつらいです」


靖子さんのように、恋人や夫以外の人に魅力を感じてしまうことはあると思います。たとえ恋人や夫がいる人でも、ほかの男性のいいところに目がいくという感覚は研ぎ澄ませておくべきです。

好きになるのは、その人の個性に何となく惹かれてしまうということです。自分にはない、また今の彼氏にもない何かが、その男性にはあるのでしょうから気になって惹かれていくんですね。

いろんな人に影響されることで、自分の成長のエネルギーになるのであれば、さまざまな形の恋愛をしたらいいのです。

「恋は盲目」というのもいいですが、**彼氏以外でも素敵な男性を見てはトキメク、これ**

くらい余裕をもって、恋愛してもいいんじゃないでしょうか。

男はヤキモキさせられることで、あなたの魅力に再び気がつき、「こんないい女なら他のヤツも狙《ねら》ってくるはず」と焦り始めます。

それによって、あなたにどんどん夢中になり、「大事にしよう」と誓います。

そうやって、ふたりの恋に刺激をあたえて互いの恋愛センスを磨いていくことだってできます。

ただし、同時に複数の人と交際をするときに、気をつけなければいけないこともあります。

それは、彼らとの間を行ったり来たりすることを永遠に続けても、彼らは決して一人の人間になることはないということです。

彼に足りないものをこっちの彼で補う、ということには限界がありますね。

同時に多数の人と付き合う場合には、彼らとの交際の中で「パーフェクトな人間なんていないんだ」ということを勉強し、実感しなければいけません。

そうしなければ、それらの付き合いは、あなたがソウルメイトに出会おうとしている運命を、ただ狂わせ遅らせていくだけです。

それを自覚した上で、自分がしあわせになる道を見極めていきましょう。

★占った結果は？

もともと靖子さんの「命盤」の恋愛をつかさどる宮（夫妻、官禄、子女）には、浮気性の星は入っていません。ところが、鑑定したときの年と月をそれぞれ見てみると、ちゃっかり「いたずら」な星と「異性」の星が座っていましたね。

これらが一緒にからんだときには、なぜか不思議なくらい異性に対して貪欲になるのです。人間は星の声を聞きとり過ぎて支配されてしまうこともあります。自分ではどうすることもできないくらいにね。

そのときは、それに従えばいいのです。

だからぼくは、彼女に楽観的になることをすすめました。

「そんなに思い込んじゃダメですよ。恋愛は人生で最高のエンターテインメントなんですから、余裕をもって楽しむくらいでなくては。

その職場の男性にも自分の気持ちを伝えて、悩ませてあげるくらいの悪女ぶりを魅せてもよいでしょう。

今の彼女に多少の不満があるからキスまでしたんですよ。年齢的に考えても、その先に進むための勇気がない訳はないはずです。彼があえてそこで止めたのは、あなたへのいたわりや、嫌われたくないという気持ちの表れでしょう。脈はあります。

遠距離で付き合っている彼はいずれ離れてしまいます。自然消滅《しぜんしょうめつ》する恋なんていくらでもあります。**いくら忙しいからって、マメじゃないということは、君への気持ちが100パーセントじゃないという証拠です。**

そんなことより大事なのは、女も男もトキメキを忘れちゃいけないということ。常に誰かを愛していないと人間は老化してしまいます」

彼女は、前向きに生きていける星の巡りを持っています。

今はつらくても、そうやって励ましてもらうことで必ず乗り切れるはずです。

悲しさがこみあげてきたら「命盤」をみるように諭《さと》しました。なぜなら過去は変えられませんが、未来は自分の想いどおりになるからです。

罪悪感と嫉妬から逃れる方法

都内の法律事務所に勤務する28歳の春菜さん。今、彼女は不倫に苦しんでいます。不倫に対する罪悪感だけでなく、奥さんへの嫉妬心が彼女の悩みを深くさせているのです。たしかに彼は「離婚して一緒になる」と話しています。だから半年くらい待ってほしい、とも。

「休みの日は、奥さんも一緒に買い物に行ったりするんじゃないか」

暇さえあれば、そんなことばかり考えてしまう。

いくら彼が奥さんに離婚の意思を伝えてあるといっても、心の中は穏やかではないですよね。

「彼のことは心から好きですが、人のものを奪ってしあわせになれるのかなという思いもあり、複雑な心境です。彼は奥さんとは心が離れていて、奥さんも最近まで違う男性と会っていたとのことです。離婚話を切り出したときに、奥さんがそのことを自白したそうです」

彼と別れたほうがいいのか、待ったほうがいいのかを悩んでいるようです。

結論から言うと、彼女と交際する前から結婚生活は破綻《はたん》していたのですから、人のものを奪うという考えは成立しないと思います。彼との不倫関係と、彼と奥さんの離婚は別問題になるわけです。

春菜さんの中で罪悪感、嫉妬……いろんな感情が渦巻《うずま》いていると思います。

確かに出会う前から夫婦関係が破綻していて、自分が離婚の直接原因でないとしても、離婚する方向に向かわせているのは自分だと、責める気持ちもあるでしょう。

そして「他人のものを取って、しあわせになれるのか」という疑問です。

この恋は、誰かの不幸の上に成り立つ幸福なのは確かです。

でも、彼のことが好きなんですよね。人のものを奪うというのは、気が引けるかもしれません。大切なのはお互いの覚悟です。

今まで築き上げてきたものが、すべてなくなるわけだから、それなりのリスクを背負うでしょう。「やっぱり、あのとき別れておけばよかったな」と思うこともあるかもしれませんが、**自分の選んだ道であれば、どういう結果になったとしても後悔してはいけません。**

彼としあわせになる可能性はあるけれど、彼の人間性や生きざまに不安があるのなら、幸福な未来はないと思ったほうがいいでしょう。

「彼の人間性というより、人として不倫なんかしていていいのか、と自分を責めてしまいます。また、不倫によって普通の恋愛とは違い、奥さんへの嫉妬とかで醜《みにく》い感情を持ってしまう自分がイヤになります。

出会った当初、彼は私に独身だってウソをついていたんです。既婚者と言ったら、次に会ってもらえないと思ったからって。最初から既婚とわかっていたら関係を持たなかった。そのことを根に持っている部分があります。

彼は真剣だと言うのですが、『だったらすぐに別れて！』と、ダダをこねてしまう。焦ってもいいことは何もないと、理屈《りくつ》ではわかっているのですが、自分の感情をコントロールできなくなってしまっているんです」

まだ、その相手が自分にとってベストパートナーなのかどうかもわからない。相手の心が完全に読めないという歯がゆい気持ちを感じているようです。

普通の恋愛で言うと「ちょうど盛り上がっているとき」であり、あえて言えば「今がいちばんいいとき」という時期にあたります。

「手に入らない」と言われれば、どうしても欲しくなるもの。

実物以上に、それが輝いて価値あるものに見えてくることだってあるのです。

彼の場合、結婚しているのに独身と偽ってまで、好意のある春菜さんと関係を持ちたかった。別の見方をすると、遊びではなく真剣なのかもしれませんね。

遊びだったら、

「ぼくは結婚してるけど……いいよね」

となりますから。

不倫関係にあるとき、男が都合のいいことばかり言うのであれば、ぼくは「きっぱり別れなさい」と断言したいです。苦しくて悲しくて、怒りもあり、自分が自分でなくなるようなつらい日々が続くだけです。**別れた直後はつらくても、決断が正しければ必ず時間が解決してくれます。**

不倫で「奥さんと別れるから」と言って、実際に別れてくれる人はそうはいません。その男性の甲斐性《かいしょう》次第です。

★占った結果は？

春菜さんの「命宮」は、ずばり「廉貞《れんてい》」という女帝の星です。しかもセックスをつかさどる子女宮に「天姚《てんよう》」というエロスの星が輝いているではありませんか。これらの星が輝く瞬間が、ちょうど恋愛したくてしょうがない時期にピタッと合ってしまったんです。

さらに「化忌《かき》」という悪魔の星が、1つならず2つも出会ってしまった（これは飛星派で使う特殊な見方です。通常の紫微斗数では「化忌」は1つだけです）。

この時期は、春菜さんにとって恋愛で悩むことは避けられない模様です。

しかも、結婚相手を見る夫妻宮には、「七殺」という「ハンターの星」が入っています。彼に振り回される運命の時期を示します。

ただし、輝きの度合いはまずまず。ぼくは、その不倫相手の彼とは意外なことに上手く付き合っていけると感じました。

「そんなに悩んでいるのなら冷静に様子を見て、彼がどのくらい本気なのか見極めてみるといいと思います。とりあえず彼の離婚が成立するまで、半年くらいお待ちになってはいかがでしょうか。焦ることはないと思いますよ」

あれから3カ月が過ぎ、ふっ切れた顔で来訪されました。

苦しい時期も過ぎました。彼とのこれからの恋愛模様はかなり上向きではないでしょうか。

不倫性質は過去からの因縁

占いとはいえ、不倫に関する悩みを相談する人があとを絶ちません。

多くの不倫関係や略奪愛に関しての相談を聞いてきたため、ぼくは偏見《へんけん》をまったく持たなくなりました。むしろ、そういうドラスティックな愛こそが、じつは本物だったりするのを感じるのです。なんて言ったら怒られるかな？

しかし大事なことは、不倫の恋は多かれ少なかれ必ず誰かが傷つく……そのことだけは、忘れてはいけないということなのです。

米ドル紙幣で知られる、アメリカの大政治家のベンジャミン・フランクリンも言ってますよ。


「恋のない結婚のあるところには、結婚のない恋が生まれることだろう」

不倫関係と一口に言っても、実際に鑑定してみるとその内容は千差万別《せんさばんべつ》です。

ただし、霊的因縁から見たパターンにはいくつかの典型《てんけい》があります。

とくに多いのは「前世」の縁が絡《から》んだもの。

占いをしていると、相談者とその不倫相手が前世において夫婦や恋人関係であったり、あるいは親兄弟などの血縁《けつえん》関係であったりするケースにたびたび遭遇します。

このパターンは、お互いの執着《しゅうちゃく》が強いので解決もなかなか難しく、泥沼《どろぬま》の状況に陥りやすいケースではあります。

このパターンに合致《がっち》した、職場の上司と不倫中の女性がいました。

1つ前の過去世で、その女性と彼は夫婦だったようです。悲しいことに戦乱によって引《ひ》き裂《さ》かれて離《はな》れ離《ばな》れとなり、そのまま再会できずに一生を終えていたようです。

その後、兵士だった彼は無事に生還《せいかん》し、別の女性と再婚したのですが、なんとその再婚相手が今の世でもまた彼の奥さんになっていたんです。

一方、空襲《くうしゅう》に巻き込まれて一生を閉じた彼女は、魂になっても一途《いちず》に彼のことを想い続け、次の世では絶対に結ばれようと固く心に誓っていました。

その想いはとても強く、現在にいたるのです。

「彼と結ばれなければ、私は生きている意味がありません」

その言葉も、偽りのない真実の愛でした。

ぼくは、この彼女に2つの解決法を提示しました。

1つは、正式な夫婦関係はあきらめること。精神の満足と肉体の関係を重んじて、彼と一緒に生きていくという方法です。

一般社会でいう「不倫」ですね。なぜなら、結婚生活が破綻しているにもかかわらず、奥さんが離婚に応じる気配《けはい》がないからです。

さて、もう1つの解決法。それは相手の奥さんへ、相談者である彼女の想念を飛ばして、理性や感情を越えた魂の部分で納得させ、その上で離婚にもっていくという手段です。

直接、奥さんの魂に対して、

「旦那さんを奪う形になって申し分けありません。でも、前の人生ではあなたが彼の後半生《こうはんせい》を独占されたのですから、今世では前世で果たせなかった愛のしあわせを私に味わわせてください」

こんな感じで、深く丁寧にお願いするのですね。

もちろん実際に念を飛ばす際には、それが確実に相手に届くように、ぼくもサポートをさせていただきます。相談をされる方にとっては、後者の〝想念とばし〟がベストのように思われる場合もあります。問題が泥沼化していればなおさらです。

しかし実際にこの方法を成就させるには、それなりの条件と心構《こころがま》えが必要になります。**想念とばしによる相手への説得というのは、相談者自身の決意に揺らぎがなく、しかも意念《いねん》の強さが鍵となります。**

そして何より、念を飛ばされる相手への優しさと思いやりが求められます。

とくに不倫の場合、なかなか別れてくれない相手の奥さんに対して「恨《うら》み」と「嫉妬」の感情を抱いていることが多いものです。

恋敵に対し、優しさやいたわりの心など持ちにくいのが事実です。

ある意味、それが人間の自然な感情の動きとも言えますよね。

それを180度変えるというのは、一種の修行のようなものです。よほど真剣な思いがなければ達成できません。

少なくとも感情面の整理がつかないかぎり、絶対におすすめはしません。

ぼくが相談者の想念とばしを代行しても、肝心《かんじん》の想念の根本に憎悪《ぞうお》の感情が混《ま》じると、それは黒魔術めいた脅迫《きょうはく》のパワーになります。

たとえ一時的に願いが叶っても最終的には悪い結果を生み出しかねません。妻子のある男性を略奪して、しあわせをつかんだはずなのに、いつの間にかまた他の女性に彼を奪われてしまった……。

そんな話、巷《ちまた》にごろごろ転がっています。

それは奥さんから最初に彼を奪うとき、無意識に〝想念とばし〟をした結果です。生まれつき意念のエネルギーが強烈な人は、術師の助けも借りずに達成することがあるのです。ただし知らず知らずのうちに行う場合、夫を奪われる女性への愛や思いやりはほとんどありません。

そのために当人の精神力が弱まったときに過去の恨みの感情が噴《ふ》き出しますから、因果の法則が発動して相手にしたことと同じ目に遭《あ》うというわけです。

〝因果応報《いんがおうほう》〟という言葉があります。この宇宙に存在するかぎり、私たちはこの仕組みから逃れることはできません。

ぼくの経験では、不倫を続けるパターンと、想念とばしをして離婚に持ち込むクライアントの比率は五分五分です。やはり女性ですから、その人にあった合理的な手段をとるべきです。

その点、紫微斗数の「命盤」に、はっきり出ていますので、とてもアドバイスがしやすいですね。

想念とばしを数回しますと、必ず何かしら変化が起こります。

今まで強硬《きょうこう》に離婚を拒んでいた相手の奥さんが、急に態度を軟化《なんか》させて協議に応じてきた、そういうことも多く経験しています。

決して呪《のろ》いではなく、愛の発露《はつろ》からの〝想念とばし〟なので、それが功《こう》を奏《そう》すると、かつての泥沼状態がウソのように、相手がサバサバとした雰囲気になる事例が多いです。

不倫で悩んでいる人にかぎらず、もしあなたが強い想いで何かを成《な》し遂《と》げたいと考えているなら、試してみてはいかがですか？

不倫相手と一緒になるということ

親子ほど歳の離れている人との不倫の相談です。

彼女は29歳、そして彼が58歳で、最初の関係は会社の上司と部下でした。

付き合って3年になるとのこと。彼からの愛情もすごく感じているようです。しかし、このまま付き合っても未来はないし、結婚もしたいので独身の若い彼氏を作ろうと思うのですが、どうしてもダメらしいのです。

つまり、大人の男性と付き合ってきたために、どうしても若い男性が頼りなく見え、魅力を感じなくなってしまったのでした。


「彼のことが好きで、どうしようもありません。でも彼は、私がしあわせになるのなら、寂しいけれど私のことを手放すと言ってます。私は好き好きで仕方がなく、他の人にときめきません。じつは、私と付き合いたいと言ってくれる男性もいるのです。その人は、私が不倫してることは知りません。何度かデートに誘われ、食事をしたり、バーにも行ったけれど、いつも彼のことばかり考えてしまいます」


別れたいけど別れられない。さて、どうしたらいいでしょう。

今はまだ、別れる時期ではないのかもしれませんね。別の男性に目を向けようとしても、彼と比べてしまうんでしょう。

恋は好きになろうと思ってするものではないと思います。いつの間にか恋に落ちてた……。人を好きになったときは、そんな感じではありませんか？

彼女が結婚や出産を考えると、焦る気持ちもわかります。本気で誰かと結婚したいと思うなら、彼のそばを離れるしかないかもしれません。

しかし、結婚できなくても人を愛し続けることは可能ですね。

クライアントの中には、上司との不倫を続けている女性もいます。その人は一生独身でもいいから、彼だけを愛したいと決めているのです。

そこまで腹をくくってしまえば、不倫だって立派な１つの恋のカタチであると思います。

でも不倫の関係というのは、いずれ奥さんに知られてしまいます。女の勘は鋭いですからね。

そうなったとき、彼がどちらの女性を選ぶのかはわかりません。不倫の恋は関わった人すべてが傷つくものです。日頃からその状況になったときの心構えをしておかなければなりませんね。

今回の彼女の場合は、彼を愛してはいるけれど、結婚もしたいと言っています。そんな彼女には、こんなアドバイスをしました。

★占った結果は？

もちろん、彼と別れることによって新しい出会いが生まれるかもしれないし、視野が広がり、次の男性を彼と比べなくなるかもしれません。

でも、無理に誰かを好きになろうとしなくてもいいと思います。ほんとうに好きになれる人が、彼以外にもいるかもしれないからです。


「あなたはまだ29歳じゃないですか。はっきり言って、この東京という都会で、一人で30代をまっとうしてもいいんじゃないですか？

楽しいことはいっぱいありますよ。たぶん、あなたは上司の彼からしか、人生の愉《たの》しみを教《おそ》わっていないのかもしれません。

〝命盤〟には『つらいけど、いずれ彼とは別れが来る』と書かれてあります。ただ、それは今じゃない、まだまだ先です。

奥さんがあなたとの関係に気づき、そして何らかのトラブルになります。しかし泥沼にはなりません。彼の奥さんは、冷静で優しい方のようです。

あなたは悲しみの絶望に陥りますが、じつはその直後、そんなあなたを包み込んでくれる男性に出会います。彼よりも強く愛する男性と巡り会うでしょう。

その人が、あなたの運命の伴侶です」


今はまだ、無理して別れることもないと思います。

気が済むまで、彼との恋愛を楽しむのも悪くないですね。いつか気持ちが醒《さ》めるか、他に好きな人ができないかぎり、しばらくはこのままで。わざわざ苦しむ選択をしなくても、いつかは、どちらかの気持ちが醒めることで、別れのときが来ます。

どんな恋愛だってリスクはつきもの。必ずハッピーな結末が訪れるわけでもないですし、相手によってはそんなことは保証できないですよ。


「少なくともあなたは今、彼と付き合っていることで、一時的にしあわせを得られているのですから、くだらない損得勘定《そんとくかんじょう》は捨てるべきではないでしょうか。

ただし、あくまで不倫は不倫。もちろん社会的には認められないので、ほどほどに。いずれ奥さんにばれますが、そのときは今よりふたりの熱は冷めていますので、すんなり別れられます」

こんな感じでアドバイスしました。

とくに**不倫の場合、自分を責めるのをやめて、前を向いて生きることが大事**なんです。

年齢が離れた相手を好きになるというのは、幼い頃から親の愛情をきちんと受けられない環境にあったからなんですね。

それを振り返って根本的なこと、すなわち「自分をしあわせにしてあげる」という気持ちに導いてあげるのも、星読み師の重要な仕事の1つなんです。

女性の浮気願望は性欲だけじゃない

当たり前ですが浮気は、ばれたら争いに発展します。彼に奥さんがいれば修羅場《しゅらば》になったり、慰謝料問題などが発生したりして、精神的にとても大きなダメージを受けます。

浮気には、とても大きなリスクがあると知っているのに、なぜやめられないのでしょうか。

相手にばれないようにひた隠すスリル、そして興奮《こうふん》を味わうんですね。

ある種、それには媚薬《びやく》のような効果があるわけです。

一度浮気をした人は、たとえそれが相手にばれて大変な思いをしても、また浮気をす

る可能性が高いといわれます。普通の恋愛では味わえない興奮を忘れられず、さらなる刺激を求めてしまうのです。

女性の浮気願望は、単に性欲的なものだけではありません。

とくに主婦が夫以外の男性と肉体関係を持つとき、気持ちの底に夫に対する「怒り」が潜んでいることが多いようです。

結婚生活は、恋愛と違って楽しいばかりではない。それは理解できていても、日々の単調な生活がストレスや不満を生み出し、ついに「怒り」に変わってしまうことがあるのです。

浮気をしている主婦が恐れるのは、それがばれてしまうこと。もちろん男性でも同じですが、女性である主婦はそれ以上に深刻にとらえています。

男女同権の社会とはいっても、浮気がばれたときのリスクは女性のほうが大きいからです。

しかし、面白いことに別れを切り出すのは、ほとんどが女性からだといわれます。

男性の場合、妻や恋人と別れても相手をなかなか忘れられず、反省してみたり悔やんだりと、感情の起伏《きふく》が激《はげ》しくなって生活が乱れたりするものです。

でも女性は、昔のことは早く忘れようと努力しますよね。

不倫でも、大好きな彼との別れには相応《そうおう》の痛みが伴います。けれど彼にサヨナラを告げる前に、もう一度あなたの思いを彼にぶつけてみることです。もしかしたら、そのときに、彼の真実の気持ちが明らかになるかもしれません。

試《ため》すのではなく、本心をぶつけるのです。

それでも平行線だったら、キッパリ別れを決意することです。

彼から離れて一人になるのはとてもつらいこと。けれど不倫の恋には、どんな場面でも決断が必要なのです。

別れてしまえば、あとは時間が忘れさせてくれるのです。

不倫願望は依存症《いぞんしょう》のようなものですから、きっぱりやめることは苦痛を伴います。だから期限を決めたりと、楽しく過ごせるように工夫することをおすすめします。

不倫の常習犯に要注意

広告代理店で経理を担当する25歳の涼子さん。

去年の春、同じ会社の先輩と不倫をしていました。

ある日の帰り際、たまたま喫煙所で会い、そのまま飲みに行ったのが始まり。最初は、彼が既婚者だと知っていたので、恋愛対象とは考えていませんでした。けれど携帯のアドレスを交換してから毎日メールをくれるようになり、頻繁に食事に行くようになったのです。

彼女は彼と一緒にいることが楽しくて、いつの間にか恋に落ちていました。

ある日、彼から告白されました。

「以前から君が気になっていた。でも自分は結婚しているから、こんなこと言える立場ではないのはわかっているんだ」

そのときの彼女は、それでもいいからそばにいてほしかったんですね。

それから3カ月お付き合いをしました。しかし彼の仕事が多忙になったのです。涼子さんは彼の忙しさをわかっていながらも、わがままを言うようになりました。

そしてある日、彼から別れを告げられました。

「俺は結婚してるから、おまえを満足させられる付き合いができない。別れるなら早いほうがいいだろう」

それからプライベートで会うことはなくなりましたが、メールや電話は続けていました。彼女はまだ、あきらめられずにいたそうです。

ところが彼の携帯を奥さんが見てしまい、家庭内トラブルに発展したのです。

それがもとで彼女もメールをしなくなり、職場で会えば必要なことを話す程度になりました。でも好きな気持ちはずっと変わりません。

「つい最近、彼から『最近キレイになったね』ってメールがきました。私は、ずっと気持ちは変わってない、と彼に告げました。でも、『男は他にもたくさんいるだろう』と返されます。私の気持ちを知っていながら、メールや電話をしてきて、でも本心を伝えると、困ったふうになるんです。だったら、いっさい連絡をしてこなければいいのに」

彼女はこの先、結婚して家庭を持ちたいと思ってるのです。そう思いながら、彼のメールにすぐ返信してしまう自分が情けないと感じています。まだまだ今の恋に執着してしまって、彼の言動に一喜一憂《いっきいちゆう》してしまうのでしょうね。

さて、彼は何を考えているのでしょうか。

ただ弄《もてあそ》んでいるだけなのか。それとも、本心では彼女のことが好きなのか。

「命盤」を覗いてみました。

すると、どう考えても彼は離婚する気なんかサラサラないようです。それでいて、ちょっかい出し続けるなんて、調子がいいとしか言えないですね。

やり方が慣れています。

関係を持ったら早めに別れを切り出す、でも一応キープとしてメールと電話の連絡は途《と》絶《だ》えさせない。彼の行動は不倫の常習犯に多いパターンです。

「結婚しているから責任を負えない。でも、ぼくのことが好きなら付き合ってあげてもいいよ」

そう、遠回しに言ってるんですよ。彼だって、彼女を好きな気持ちにウソはないと思います。奥さんも好きなんだけど、彼女も好きになってしまったのです。

完全なる二股《ふたまた》ですね。

「おっしゃるとおり、常習犯なのかもしれませんネ。私を想ってのことだとばっかり信じていました。ぜんぜん疑いもしませんでした。

でも、楽しかったこともあったので、全部がウソだと思いたくない自分もいます。

私は、彼を好きになったことは後悔してません。本気で好きになりました。もう少し出会うのが早ければ……なんて思ったりして」

不倫も恋であることに変わりありません。どちらが悪いという問題じゃないですよね。

自分も悪いし、彼も悪い。でも既婚者との付き合いには、いずれ別れがあります。まれに離婚して、再婚というパターンもあります。ただ、それはそれでリスクが相当ありますよ。お互い歯を食いしばる時期が必ず訪れます。そこをどう乗り切るかは、すべて自分次第です。

「恋することは決して悪くないですよ。だけど相手が悪かったんだよね。あなたは、とても優しくて純粋な人だと思います。そういうあなたの、よいところを見てくれる人は、きっといるから。恋以外の価値観も変わってくると思うし、その中で大切に思ってくれる人は必ず現れますからね。

不倫を体験しておくと、あとになって『あぁ、あのときの私って……』と思えるようになって、成長した自分を確認できたりもします。そして、これがしあわせなんだと感じるようになるはずです。だから、あなたならきっと、ほんとうのしあわせをつかめると思います」

やはり、お互い楽しい時間を過ごしてきたのは事実ですから、苦しみからは逃れられません。でもそこを乗り越えれば、もっと自分が大きくなると思います。

★占った結果は？

不倫って、じつはマジメな女性にかぎって陥りやすい罠《わな》なのです。

彼には自分にとって、1つ大切なものがあります。それは家庭なんですよね。守るべき家庭があるから、もう1つの恋愛に余裕があるんです。

でも女性にとっては、その恋愛がいちばんでしょ。だから振り回されるんです。

余裕のある男性は、とても器用に振る舞います。言葉の巧《たく》みさも、さりげない優しさも、すべて持ち合わせています。

どんな器用な男でも、本気で好きになった女性の前では不器用になるものです。だから不器用でも、精いっぱい愛してくれる男を見つけなきゃね。

彼は今、自分のことだけしか考えていないようです。

彼女の苦しみも寂しさも、そんなに深く理解していません。

たまに家庭を忘れさせてくれる女性がいれば会って楽しい。自分が「男」になれる。

そういう時間を持ちたいと思っている男性は、けっこう多いものです。

涼子さんの場合、彼女は不倫をしてしまう星のもとに生まれたようでした。

意外なことに家族構成を予見する「父母宮」に、その兆候《ちょうこう》が表れているのです。

この涼子さんもそうですが、父母宮に強い星が入っていないことが、しばしばあります。

父母宮に主星が入っていないということは、幼いころから両親との縁が薄いということです。

彼女の場合は、幼いころに父親と離別していました。原因は母親の不倫だったのです。ゆえに成人した彼女は、包容力のある年上の男性と一緒にいると安心するようになり、「母親の過ちを繰り返してはならない。マジメに生きなければいけない」というこだわりから、妻子ある男性を意識し過ぎていたのです。

また、涼子さんの星の並びには「自分で決めることができない」、そして「状況に流されやすい」という、主体性の欠如《けつじょ》が特徴として表れていました。

もちろん同じ星を持っていても、すべての人に当てはまるとはかぎりません。

全体のバランスを見ないと正確な判断はできませんので、早とちりはしないでくださいね。

では、なぜマジメな女性が不倫しやすいのでしょうか。「マジメな」っていうと聞こえはいいですね。正しくは「マジメそうに見える」といえましょうか。

子どもの頃からハミ出すことができず、欲望を内に秘《ひ》めている感じですね。親や教師に逆らえない幼少期を送ったせいで、ある種の背徳観念《はいとくかんねん》があって、「ほんとうはいけないことをワタシはしてるの」的なヒロイン気質が芽生《めば》えてしまった。

精神世界などに、のめり込んでしまう女性にも多いタイプです。

「罪」に対する意識が強いゆえ、堕《お》ちていく快感《かいかん》に酔《よ》いしれてしまうんですね。

そういう女性は、格好の愛人対象になりやすいのです。

昔から愛欲が強い女性ほど、それを断ち切るために仏道に帰依《きえ》したり得度《とくど》したりしますよね。小説などの題材になるほどです。

カルチャースクールをのぞくと、源氏物語を学ぶというコースは、今でも人気ですよね。

源氏物語なんて「不倫」だけがテーマみたいな作品です。

そこでは、ちょっと恋愛とは結びつきづらい中年の女性をよく見かけます。

文学や芸術に求めることで、バーチャルで不倫を体験しておけば、現実社会でそのような悲劇はないでしょうね。というか、むしろ現実にないからバーチャルの世界で楽しむのかもしれません。

不倫を求めるような男は、お金があって、お店とかもよく知っていて強く見えるけど、けっこう弱いところがあって、そこが可愛く感じてほだされる。でも最後には、すごく強気になるんです。あっさりと平気で裏切れる人なんです。しょせん愛人は愛人。いいことはないです。

不倫する男はずるいんです。ワガママで子どもっぽくて、母性をくすぐるコツを心得ています。つまり、若いころからマジメで育った女の子が、そういう「不倫」という中途半端な恋愛に対しての憧れを、密かに抱いていると知っていて、狙って声をかけてくるというカラクリです。

浮気をされた女性の問題点

結婚して8年目を迎えた明美さん。

ご主人は自営業で、結婚してからずっと彼女も手伝っています。

同居していた義父は体調が悪くなり、入院していたため、新婚のころから毎日のように病院に足を運んで看病。それ以外は家の仕事をしていました。

子どもはふたり。妊娠中から仕事と看病に明け暮れ、生まれてからも、おんぶして事務をしていたといいます。

新婚旅行もいかず、家族で旅行することもなく、今まで過ごしてきました。

景気が悪くなり、生活保護をうけることもありました。

「主人は自分勝手で、付き合いの飲み会や旅行に行くことは頻繁にありました。でも私は、子育てと家の仕事の毎日で、友だちもできず自分の楽しみのために時間を使ったことがありません。

どんなに疲れていても、夫婦生活はいつも強引でした。それがイヤでたまらなく、毎日が苦痛でした」

そんなにイヤなら、離婚したらどうなんですか？

「はい。じつは……」

彼女は、胸に詰まっていた本音を語り始めました。

「離婚を申し出ましたが、主人に土下座《どげざ》されて。これからは少し自由にしていいと、そのときは約束してくれました。

でもあまり変わらず、私は家政婦かと思うほどです。

しかも夫婦生活を拒否したことがきっかけで、それから求めてこなくなり、気がついたら浮気をされていたんです。

離婚してくれと言われ、今度は私があわてました。

子どもがいるので途方《とほう》にくれると思ったのと、相手に対して激しい嫉妬をおぼえました。

そして今度は、私が頭を下げることになって。

今は家庭生活を送っておりますが、浮気相手とはまだ付き合っているみたいです。

私にはしてくれなかった、いろいろなことを相手にはしてあげています。

離婚しようと私が言ったり、主人が言ったり、いったい私たちは何なんでしょう。笑って話すことは、ほとんどありません。

でも離婚はこわいのです」

ほんと。世間の夫婦には、まさに山あり谷ありですよね。

みなさん、それを乗り越えて何十年も連れ添ってきているのです。

「頑張りましたね。冷めた夫婦関係、でも続けてきた生活を変えられないんですね。不満はあっても、ふたりで築いてきた家庭だから、そう簡単にはくずせない。明美さんの苦労はとても伝わりますが、ご主人に愛情を持って接してきましたか？愛情が足りなかったため、浮気されたのではないのでしょうか。悪いのは、もちろんご主人ですが、明美さんにも少しは原因があると思います。まずは、ご主人が帰ってきたくなるような家庭を作って、自分の時間も作ってストレス解消してください。明美さん自身が素敵な女性になることです」

でも彼女は納得しません。

とても固い殻《から》に覆《おお》われている彼女の心を、癒すことは容易ではないのです。

そして、ぼくは続けます。

「もちろん同情はしますよ。でもね、心の底から腹を割って話し合ったことがありますか。夫婦なんだから遠慮なく言いたいことは言うべきです。

主張ばかりではなく、お互いに理解と納得が大切です。その結果、家庭が再構築《さいこうちく》されたり、崩壊する場合もあるでしょう。

自分は苦労させられて不幸だ！

そういう意識が強くて、愛情もなく恨みばかりならば離婚したほうがいい。

離婚がいやなら、改善すべきところが山ほどあります。

苦労が多くて、惨めで悔しいという気持ちは痛いほど感じます。

でも自分は何を求めているのかを考え、前に進んでいってほしいです。

被害者意識ばかりで、自分を見つめなおすことをしないと根本的には解決しません。

とても難しいでしょうが、今までの苦労話はやめて、これからの自分の未来を考えてください。

女性らしい優しい笑顔。そして母親としての優しいまなざし、声、しぐさ。

それらを磨いて、ご主人としてきた苦労を糧《かて》に素敵な女性になってください。

苦労しながら、ふたりのお子さんを育ててこられた明美さんの魅力を閉じ込めていないで、おもてに出してみてください。大丈夫ですよ」

ようやく彼女の口元が、やんわりとしてきました。

「ありがとうございます。今は会社にお金がありますが……。

それは、すべて主人が経費で飲み食いするお金。

そして相変わらず、きれいな女と浮気しています。

仕事関係の人に主人の浮気の相談をしましたら、それを知った主人から『オレの立場を悪くするな』と冷めた口調でたしなめられました。ほんと、どうしたらいいのかわからないのです」

彼女の頭の中は後悔と怒り、そしてこれから先の不安のため、かなり混乱しているようです。

「落ち着いて。大変なのはわかりますが、あなたのその後ろ向きの考えを変えないと、自分自身がしあわせになれませんよ」

「相手の女がいちばん悪いんではないですか？」

「不倫相手を恨んでいるのですか。もちろんその気持ちはわかります。でもね、今はそのマイナスな気持ちを置いといて。いつも私は苦しんでいる。私は苦労してきたのに、私はかわいそうなのに……と自分に課せられた苦渋《くじゅう》を反芻《はんすう》していてはいけませんよ。

不倫以前に、もう少し自己改革《かいかく》が必要だと思います。

あなた自身が考え方をプラスに変えないと、いつまでも不満が絶えずに、作らなくてもいい不幸を自ら膨張《ぼうちょう》させてしまう、そんな状態が続いていきますよ。

かりにご主人の不倫が終わったとしても、また別の不満がでてきて私は可哀想《かわいそう》な女だと引きずってしまいますよ。

いや、ほんとうに今はつらいと思います。だからこそ、これから先、自分はどうしたいのか。どういう将来像を持っているかを考える時期なのです。これからは自分のしあわせのために生きてください。

あなたが変われば、きっとご主人も改心《かいしん》されると思います」

いちばん悪いのは誰か……、その考え方自体がナンセンスなのです。

浮気をする旦那も悪い。もちろん相手女性も悪い。

でも、浮気をされた女性にも多少の問題はあります。

誰が悪いのではなく浮気や不倫には、必ず何らかの問題点が潜んでいるということです。心から家族愛の確信があれば、男だって簡単には浮気はしません。

この不倫問題を機に夫婦の今までの姿を思い返し、今何ができるのか、何をすべきなのかを前向きに考える必要があります。

しかし、つらい状況で「前向きに」というのは酷な話です。

そのためにぼくは、あなた方が背負ってきたカルマを細かく調べます。

カウンセラーは、あなたの考え方に説教《せっきょう》します。

宗教家は、あなたの生き方に因縁をつけます。

でもぼくは、そのどちらもしません。

なぜなら命盤には、あなたがなぜ苦しむのか、あなたのご主人がなぜ不倫をしたのか、そして、あなたがこれからどうしたら、ほんとうのしあわせを見つけられるのか、そのヒントが書いてあるからなのです。

男の不倫願望ってなあに？

「あいつは、あんなに美人の奥さんがいるのに、なんで浮気ばっかりするんだろう」という会話、よく耳にしませんか？

男の不倫願望は、女性がショッピングを楽しむことによく似ています。

店頭でかわいいバッグを見つけました。脳の中でその情報を伝えるのは「神経細胞」です。それは一本の糸状になっておらず、神経細胞同士には隙間《すきま》があります。その隙間を埋め、次の細胞に情報を伝えるのは「神経伝達物質」なんですね。

かわいいバッグを見て「あ、いいな」と刺激を受けます。

それは一種のストレスです。

人間のカラダはストレスを受けたとき、それに対処しやすく心身をシャキッと目覚めさせようとします。大脳皮質《だいのうひしつ》を活性化させて、覚醒《かくせい》をうながすために〝ノルアドレナリン〟を分泌《ぶんぴ》させるのです。

脳の中に、

「かわいいバッグをみつけたよ。眼を覚ませ！」

と、ノルアドレナリンが駆けめぐり、情報を伝えてまわります。

するとと「買おうかな。どうしよう」と迷い始めます。

その一方で脳は、クレジットカードの支払額も考えます。それは大きなストレスです。

さらに強まったストレスに対処するため、さらにノルアドレナリンが分泌されます。

カードの支払いに追われるのを知りながら、それでも「よし、買っちゃおう」と決意すると気分が落ち着く。それはなぜでしょうか。


人はストレスを受けたとき、自分でその痛みを和《やわ》らげられるようにできています。鎮《ちん》痛《つう》効果があって多幸《たこう》感が得られ、爽快《そうかい》感をもたらす〝エンドルフィン〟という脳内物質が分泌されるのです。

買うか、やめようかの葛藤《かっとう》に疲れた脳は、エンドルフィンによる鎮静効果を味わってしまうのです。

またエンドルフィンを大量に放出《ほうしゅつ》すると、次に高揚感がわき起こり興奮を味わい、そして快感をもたらす〝ドーパミン〟が分泌されます。

「なんてかわいい子だろう」と恋わずらいというストレスが生まれ、「付き合っちゃえばいいんだ」と不倫の決心がついて落ち着き、そして危険な情事に快楽を感じてしまうのです。

「恋心は障害《しょうがい》があるほど燃え上がる」といいますね。

それは、こういった脳のシステムから起こることなのです。

この脳の流れは癖になり、そのうち中毒化します。

買い物依存症になった女性は「欲しいような気がする」バッグを見つけただけで、快楽に向けて突っ走るプログラムが作動してしまいます。いったん入ったスイッチは、自分ではどうすることもできません。店員に「これ、ください」と声をかけ、そしてレジで丁寧に包んでくれるシーンが、もっとも恍惚《こうこつ》の状態を得られます。

しかし、ひとたびお店の外に出ると、

「あー、また買っちゃった。私、ほんとにコレが欲しかったのかしら」

と、ため息が出て、さきの多幸感は後悔へと変貌します。

不倫も同じなんですね。

自分にはすでに妻もいて、子どもを育てている立派な男だという自負《じふ》がある。だから美人のあの子をゲットできるはずだ、というブランド志向《しこう》。加えて手に入れるまでのストーリーを組み立てる自分に酔いしれる。そして手に入れたときの精神的な高揚、さらに肉体的な快楽でゴール。

だけど、それがある程度続くと、だんだん煩《わずら》わしくなる。

「ねぇ、私と奥さんと、どっちが大事なの？」から始まり、「いつか離婚して、結婚してくれる？」となるころには、すでに男の欲望は十分満たされたあとなのです。

女性は純粋に恋をしていただけだから、不倫の後始末はつらいんです。

不倫をするなとは言いませんが、するならその覚悟が必要なんだよ、ということなのです。

それにしても、オスの本能を抑える理性が欠如している男性が多いですよね。

はやく結婚してしまうと、とくに美人の奥さんを持った場合、異常なほどの成功者意識を得てしまうんです。またその自信によってオスの輝きを増し、女性はまんまと騙されてしまいます。

では、そんな人を好きになってしまった女性は、どうすればいいのでしょうか？

〝命盤〟をよくみてみましょう。とくに「官禄宮」と「夫妻宮」を比較してみるのです。

そこには、あなたが惚れやすい男性のタイプと、実際に籍を入れるであろう相手の星が喧嘩し合っていませんか。

今はいいのです。そして、もしその星たちが、お互い接点がないようだったら、あなたの将来は希望が持てます。

不倫で燃え尽きて、酸《す》いも甘いも知った女性が最終的に、ぜんぜん違うタイプの男性と一緒になった例を、ぼくはたくさん見てきましたから。

恋愛のパターンをちょっとだけ変えてみることです。

ぼくに依頼していただければ、そのさじ加減を、そっとお教えしますよ。

恋愛と結婚の違いとは？

あなにとって結婚とはなんですか？

結婚にいたるには、まず相手の条件に何を求めるかが問題です。

趣味が合うとか温《あたた》かみのある性格であるとか、そういう要素も大事です。一生付き合う相手ですからね。一緒にいるのが苦痛になるような相手では成立しません。

でも結婚相手となると、これだけでは不十分なのです。なぜなら結婚の目的は、単に相手と仲よくすることではないからです。相手と仲よくするだけであれば、「異性として好意を持っていて性格も合う」という条件だけで足りるでしょう。

でも、結婚の目的は「しあわせな家庭を築く」ことにあります。

家庭という共同体（チーム）を築く上で相手に求められるもの。

それは「財政基盤」と「信頼関係」です。

人によって、さまざまな結婚観があります。付き合っている時期は、ただ純粋に相手の好きな部分に惚れているわけですが、相手が結婚に対してどういう理想をもっているのかを見極めねばなりません。

と、いっても人間ですからね。どうしても変化があります。

だから、ぼくは紫微斗数の「命盤」をおすすめしているのです。なぜなら、これは生涯変わることのない理想とポテンシャルが克明《こくめい》に記されているのですから。

「命盤」には、あなたと、あなたの伴侶との共通する価値観が何か、ちゃんと星によって示されています。そして、お互いの価値観の違いもね。

どういう赤ちゃんが授かるか、そしてその子が、どういった性質の持ち主なのか。お互いの子どもに関する運勢を照らし合わせることで、将来の家庭の様子を伺い知ることができます。

さらに進んで赤ちゃんが誕生したら、その子の「命盤」を作ってみることです。

その子の性格や得意分野がわかりますから、かなり理想的な方向へ誘《いざ》なってあげられることでしょう。

そうすれば、苦手なことを無理強《むりじ》いする必要もないわけです。子どもがグレやすい性質だったら、温かい家庭を築くように努めればいいし、感受性の強い子だったら芸術の道を与えてあげればいいのです。

男と女の価値観のズレを知ること

しあわせな家庭を築くためには、まず男と女という異質のふたりが、おたがいを尊重し、いたわり合わなければなりません。

恋人から夫婦になったとしても、相手に求める価値観にズレが生じれば、しあわせは長続きしません。

では男と女の愛の価値観とは、根本的にどれほど違っているのでしょうか。

男は性欲を求め、女は愛を求めるもの。そう考えることができます。

自然を見てみましょう。なんと動物の97パーセントが「一夫多妻」だというのです。人間も、かつては「一夫多妻」でした。まだつい数十年前の話です。

つまり人間も含め、動物のオスというのは「一夫一婦制」に向いていないのです。

なぜなら男性は女性に対して、まず肉体的な欲望を感じることで、やがて愛という感情が湧《わ》いてくるのです。

性欲が満たされることで、自己の存在を確認できるというのが、男性の性質なんです。でも女性は、まず感情表現してもらってからでないとする気になれないのです。

出会って間もなく、まだ恋愛の気持ちが湧いていないのに、性的な関係を求められることがありますよね。もし、あなたがその相手を結婚対象としているのなら、簡単に許してはいけません。

なぜなら男性は、性的関係を持つことを最大の目的にしているため、目的が達成された時点で満足してしまうからです。

男はプライドが高いくせに、すぐ傷ついてしまうでしょ。

その原因は、幼いころの育てられ方に影響があるといわれています。

女の子は、ある程度大きくなったら母親の手伝いをするようになります。小さなころから成功と失敗の体験を積み重ねて、少しずつ成長していきますから、大人になって失敗して落ち込んでも、うまく気分転換をする術《すべ》が身につきます。

しかし、男の子はそのチャンスを得られることなく成長する場合が多いのです。

むしろ、母親が世話を焼いてしまいがちです。しかも物心《ものごころ》がつくようになると、

「男は、人前で泣くもんじゃない」

「尊敬される、立派な人間になれ」

といった「男らしさとはなんぞや」みたいなものを突きつけられて成長するのです。

小さなことで傷つき、自信を失いやすいのはそのためです。プライドを傷つけられて自信を失うと、自分の殻に閉じこもり外出するのさえイヤになる。だから男性は女性より、はるかに自殺が多いのです。

自分が人より優れていると思えれば、自信や満足感を得られますが、ちょっとでも人より劣っていると感じたり批判的な感情を受け取ってしまうと「自分はダメな男だ」と、プライドが傷ついて過剰《かじょう》に落ち込んだり、自信を喪失したりします。

男性の弱い部分を許してあげる

ちょうどぼくらの親の世代は、夫が仕事一筋で家庭を顧《かえり》みず、家事や育児、近所付き合いをすべて妻に任せっきりにしていました。その結果、母親は寂しさを感じ、子どもの世話だけが生き甲斐《いがい》になってしまったのです。

母親は誰でも、息子は立派に成長してほしい、と願っていますよ。でもその反面、「息子が大人になって親離れしたら、自分は独りになってしまう」という孤独の恐怖も感じています。

そういう不安が強過ぎると、息子が成人しても口を挟《はさ》むことがやめられません。

そうやって育った男性は、依存心が強くて自立してない「子ども大人」になってしまうのです。

真実の母の愛とは、

「お母さんは、あなたを信じているからね。失敗してもいいから自分の思ったとおりにやってみなさい」

という姿勢《しせい》なのです。

でも今は「歪《ゆが》んだ愛情」で育った男性が多い時代なのです。

心のどこかで、息子を信頼していないんですね。

歪んだ愛情で育った男の子は、思春期になると急に母親から愛情を感じなくなります。そして「母親の身代わり」を探すようになります。

どんな不景気になっても、キャバクラや風俗のようなビジネスが無くならないのは、「ウソでもいいから自信をつけさせてほしい」と願う男性が多いからなんです。

そんな男性に「少年のような愛くるしさ」を感じる女性も多いと思います。

母性本能をくすぐられて、「私がついてあげなきゃ」と同情してしまうんですね。

そういう男性を夫に選んでしまうと、苦労を背負うことになります。

そんな彼は、赤ちゃんができて、あなたが子どもの世話に夢中になっていると、嫉妬します。そして、いつか浮気に走るようになるのです。

では、そんな男性が自立する方法はあるのでしょうか？

それは、彼が自分の母親を許すことしかありません。

心の奥底で、健全な愛情を注いでくれなかった母親に対して、怒りの感情を持っています。それは、つまり自分の出生と生い立ちを否定している、ネガティブな想念です。

でも、お母さんだって夫に愛情をかけてもらえずに、不安と不満が入り交じる中、夢中で彼を育てたはず。ただ、愛する方法を知らなかっただけなのです。

愛するということは、まず信頼するということ。そして許すことなんです。

もちろん最初は抵抗しますよ。しかし心のどこかで気づくことで、彼が自ら脱却《だっきゃく》しようと意識し、いずれ成長するものです。

子どものころから自分の欲求が十分に満たされていれば、生きている実感が持てるし、他人にも優しく接することができます。

でも過剰に厳しく育ったり、両親から信頼されていない男性は、「自分はダメな男なんだ」と思い込んでいるはずです。だから他人は信用できなくて、人を傷つける行為をしてしまうんです。

そんな彼を責めたり、強引に変えようとしたところで逆効果です。

よく人間関係でトラブルを抱えたとき、相手を責めがちですよね。

では、あなたは相手を変えることは可能だと思いますか。残念ながら答えはノーです。

恋愛でしあわせになる、いちばんの秘訣

人を大切に想う気持ちは、まず自分を大切にする気持ちがないと生まれません。

それは恋愛や結婚においても、まったく同じです。

自分のコンプレックスや欠点を考えると、なかなか止まりません。自分のよいところが思いつかない……こんな人が多いんじゃないでしょうか。

でも、悪いところばかりを考えていても楽しくないですよね。

悪いところを考える時間を減らすことは簡単ではありません。

ならば、その3倍、自分の長所をイメージしてみましょう。

自分の良いところを探して、自分を誉めるんです。

つまり「自分を好きになる」のです。

日ごろの不満や怒り、絶望という感情を持ってしまった場合、そういう色メガネで相手を見てしまいますね。すると彼もあなたに対して、

「オレに不満があるのか？」

「何か文句があるんなら、ハッキリ言えばいいじゃないか」

と、攻撃的な感情を持ってしまうのです。

罪悪感や嫌悪《けんお》感、コンプレックスなどのネガティブな感情を持った場合も同じです。まずは客観的に自分の感情をイメージしてみてください。そして自分が持っているネガティブな感情を癒していくことで、相手への見方がガラリと変わっていきます。

自分が癒され、自分が変わっていくことができた分だけ、相手のことを思いやれるし寛容になれるのです。そうすると相手の態度も変わっていきます。

まずは自分の感情をいたわり、共感してあげることから始めましょう。

すると、いつの間にかネガティブな感情は消えていきます。

癒されないとストレスも肥大《ひだい》しますよね。でもストレスを発散《はっさん》するだけでは根本的な解決にはなりません。自分がどうしてストレスを感じているのかを、しっかり認識するのです。

あなたのストレスが軽減すれば、必ず相手の感情も穏やかなものに変わります。

「優しくしてほしい」

「いたわってほしい」

そう思ったら、まず自分が先に優しくしましょう。

結婚を選択し、誰かと共に生きていくのは努力が必要です。それを楽しく乗り越えるために、あなたは、あなた自身を愛さなくちゃいけないんです。

それが、しあわせな人生を歩む秘訣《ひけつ》なのです。


彼の態度は、あなたの心を映す鏡なのです。

自分を知ることで、相手の心もコントロールできます。

そのために昔から「命盤」という占いの道具があるのです。

欲しいものを手に入れるために占う人が多いですが、その前に、まず自分の人間性を深く知ること。そして、自分のこれまでのあり方を振り返って、改善できる点を探してみましょう。

他人から批判されたところで、自分の欠点が変わるものではありません。

自分の「命盤」に輝く星たちが、すべてを物語ってくれているのです。

直球《ちょっきゅう》で相手をコントロールしようとすると、まちがいなく反発されてしまいます。

それは自分に対しても同じこと。無理して自分を変えようと努力したって、自分の奥底にいる感情が反発します。

紫微斗数の「命盤」には、あなたの長所も短所もじつに克明に描かれています。

まさに、あなたの真実を映し出す鏡なのです。

苦しいことがあったとき、ふと命盤をながめていると次第に愛着が湧いてきます。

今の悩みや苦しみの意味がわかり、知らず知らずのうちに自分がいとおしくなっていくはずです。そのいとおしさが愛に変わったとき、あなたのオーラは見事に輝きを増すでしょう。

そして、あなたは客観的に自分という存在に気づくのです。

自分が変われば、必ず相手も変わります。

ぼくが紫微斗数のことを指して「癒しの羅針盤」と呼ぶ所以《ゆえん》が、そこにあるのです。

おわりに――あなたらしい恋をしてください

人間の生きる価値とは何でしょう。

ぼくは、一言でいうなら「恋をすること」だと思います。

人間以外の動植物にも「愛」という概念はあるかもしれませんが、「恋」という感情は、おそらく人間への神さまからのご褒美《ほうび》だと思います。

とくに戦争に直面していない平和な日本では、「恋をすること」こそが、もっとも贅沢《ぜいたく》な生き方ではないでしょうか。

いくらお金があっても、不動産や資産があふれていても、日常が楽しくなかったら何のために生きているかわかりません。

お金を稼《かせ》ぐのも、美容や健康に気を使うのも、じつは「異性に気に入られたいから」という動機から生み出されるのではないでしょうか。

せっかく肉体をもらって、動物ではなく「人間として」生きているのに、おしゃれもしないってどうでしょう。

自分の満足のためにブランドものを買うだけで、ほんとうに満足しますか？

何のためにイヤな思いをして会社に行き、つらい仕事をしなくちゃいけないのでしょうか。

恋をしないときって、生きている価値が半減してしまうと思います。恋といってもいろいろありますよね。片思いだって良いじゃないですか。ふられたっていい。ふられるのが怖くて、ずっと想い続けて告白できなくたっていいんです。

恋をする、という状態に身も心も焦がすことが、生きている証《あか》しなんです。

年令よりも若く見える人っていますよね。肌に張りがあって姿勢がよくて、髪の毛やムダ毛なんかもいつも手入れされていて、さわやかで朗《ほが》らかで、愛らしくって若い人と打ち解けられる人。若さのオーラというのは、恋をする人から発せられるんです。

それは男も女も変わりありません。

ギリシャの哲学者が面白いことを言っています。

「太古の昔、人間は丸く手が4つ、足が4つの生き物だった。はじめは従順《じゅうじゅん》に神に仕《つか》えていたのだが、知恵をつけることで次第に傲慢《ごうまん》な振る舞いをするようになったので、天上の神々は怒って人間を2つに引き裂いてしまった。

手が2つ、足が2つになってしまった人間は、今でも自分の半身はどこかと探している」

人間の男女差はここから生まれた、という『アンドロギュヌス伝説』です。

これが聖書の「アダムとイヴ」や、古事記の「いざなぎといざさみ」という神話に発展していったのかも知れませんね。

つまり人間は、自分の片割れを探してさまよっているわけです。

となると恋人や結婚する相手は、かつて2つに引き裂かれた「自分の半身」なのかもしれません。なんてロマンティックなんでしょう。

日本でも「夫婦は一心同体《いっしんどうたい》」なんてよく言われますが、それは世界共通のメッセージのようですね。だから構造も凸と凹なのでしょう。宇宙のメカニズムはよくできていると感心してしまいます。

あなたも、ぜひ愛すべき「自分の半身」である異性を見つめ、考え、分析して恋愛を謳歌《おうか》してください。そのための指南役が必要とあらば、いつでもお手伝いさせていただきます。

最後まで読んでいただき感謝申し上げます。みなさんに永遠のしあわせが訪れることを心よりお祈り致します。


紫微斗数の秘伝を授けてくださった占星堂の東海林秀樹先生。

東海林先生をご紹介くださった占い館『月の扉』のマギー・レオナさん。

レオナさんを紹介してくださった『月の扉』の創設者である故石原和彦氏。

そして石原氏に、ぼくをつなげてくれた西洋占星術家である先妻のヨーコさん。

この文章を世に送り出してくださった宮帯出版社の宮下玄覇《はるまさ》社長をはじめスタッフの皆さんに、心から「ありがとう」の言葉を捧《ささ》げたいと思います。

平成20年4月

原宿マリアズクローゼットにて　中島多加仁 拝

中島 多加仁（なかしま たかひと）

1970年愛知県に生まれる。牡羊座のB型。東京の原宿でヨーロッパ古着屋「マリアズクローゼット」を経営する占い師。父親が霊能者、母方は神主の家系という家庭環境で育ち、若いころから東洋哲学や心理学などに興味を持つ。20歳のときに体験した交通事故を機に霊学修行に入り、易学、九星気学、干支学、姓名判断などを習得。紫微斗数《しびとすう》や六壬神課《りくじんしんか》などの東洋占星術を得意とする。著書に『スピリチュアル・エナジー』（たま出版 1998年）など多数。

星読み師 検索 http://www.hoshiyomitaka.com/

しあわせになる恋の法則

2008年7月1日 第1刷発行

著 者
星読み師★taka 中島 多加仁

装丁・デザイン
松岡 史恵

発行者
宮下 玄覇

発行所
ミヤオビパブリッシング
〒150-0001 東京都渋谷区神宮前 3-18-16
TEL/FAX 03-3393-5070
URL http://www.miyaobi.com

発売元
株式会社宮帯出版社
〒602-0062 京都市上京区堀川通寺之内東入
TEL 075-441-7747 / FAX 075-431-8877
E-mail info@miyaobi.com
振替口座 00960-7-279886

印刷・製本
モリモト印刷株式会社
乱丁・落丁本はお取り替え致します。
定価はカバーに表示してあります。

ISBN978-4-900833-51-7 C0095